AF200385

木
剣

アクセル・シュルツ　ゴラ

BOKKEN

DAS HÖLZERNE SCHWERT
DER SAMURAI

von
AXEL SCHULTZ-GORA
mit 149 Abbildungen
von B. Schlenz und A. Schultz-Gora

10. Auflage
2024

VERLAG WEINMANN - BERLIN

Autor und Verlag haften in keiner Weise für Verletzungen, die bei der Ausübung der hier beschriebenen Instruktionen und Ausführungen auftreten können. Eine Haftung für Personen-, Sach- und Vermögensschäden ist ausgeschlossen.

Bibliografische Information Der Deutschen Bibliothek
Die Deutsche Bibliothek verzeichnet diese Publikation in der Deutschen Nationalbibliografie; detaillierte bibliografische Daten sind im Internet über http://dnb.ddb.de abrufbar.

© 2017 by Verlag Weinmann - Berlin.

Copyright, die Übersetzungs- und alle sonstigen Rechte (insbesondere auch an Idee und Gestaltung der Abbildungen) sind Eigentum des Verlages.
Auch die auszugsweise oder fototechnische Wiedergabe, die Reproduktion von Abbildungen, sowie die Einspeicherung und Verarbeitung in elektronischen Systemen bedarf der schriftlichen Genehmigung des Verlages.

Abdruckrechte mit freundlicher Genehmigung von:
Hugendubel Verlag (S. 8), Kristkeitz Verlag (S. 25).
Partner für Fotosequenzen:
J. Jakob, O. Hermann, M. Teuber
Axel Schulz-Gora: www.a-s-g.de
Gestaltung: StyleCouncil-Designbureau (Sianos/Ridil)

Zugeeignet meinem Lehrer
Horst Weiland, 10. Dan Jiu-Jitsu
für seine Verdienste im Budo.

INHALT

I.
GESCHICHTE UND HINTERGRUNDWISSEN

II.
DAS TRAINING
MIT DEM BOKKEN

Myamoto Musashi bei einer Szene mit zwei Bokken. Im Gürtel
stecken das Katana und das Wakisashi. Musashi war bekannt
dafür, dass er viele Kämpfe nur mit dem Bokken gewann.

I. Geschichte und Hintergundwissen

EINFÜHRUNG

Immer mehr Budoka in Deutschland und Europa nehmen das *Bokken* - das hölzerne Samuraischwert zur Hand, um damit zu den Ursprüngen des Budo zu gelangen. Auf Lehrgängen sieht man, wie Übungsleiter mit dieser Waffe den Schülern die Grundelemente der japanischen Kampfkunst vermitteln: richtige Distanz zum Gegner, Kime, Selbstbewusstsein und martialische Ausstrahlung.

Die Waffe fehlt in kaum einem Dojo, in dem man sich mit den altjapanischen Kampfkünsten auseinandersetzt. Trotzdem sieht man viel zu oft, dass dort, wo das Training mit dem Bokken nicht zum Übungsprogramm gehört, wie im *Kendo* und *Iai-Do*, erhebliche Fehler im Umgang mit dieser traditionellen Samuraiwaffe begangen werden. Der Grund ist einfach: das theoretische und praktische Wissen ist entweder lückenhaft oder fehlt.

Oft wird das Bokken als bloßes Demonstrationsobjekt unterbewertet und findet respektlos einen Platz im Stabständer, wo es irgendwo dazwischen gelegt wird, obwohl es eigentlich nicht dort hingehört - das Bokken gehört zur eigenständigen Waffengattung der Holzschwerter. Dieser Gattung gebührt ebenso ein eigener Aufbewahrungsort, wie dem *Tanto*, dem *Bo-* und *Jostab* oder dem *Katana*.

Durch Reformen und Entwicklungen ist das Bokken in den Hintergrund getreten und nur diejenigen Budoka, die sich näher mit den Samurai und deren Budo beschäftigen, wissen mehr über diese besondere Waffe.

Das Bokken ist nicht nur Bindeglied zwischen den Waffengattungen *Katana* und *Shinai* und Bestandteil der Schwertdisziplinen *Iai-Do* und *Kendo*, sondern spielt ebenfalls eine Schlüsselrolle in Ueshibas *Aikido*.

Das Interesse am Bokken wächst stetig. Das beweist die Resonanz der Schüler im Unterricht und auf Lehrgängen. Der Wissensdurst engagierter Budoka ist groß und ebenfalls ihr Bestreben, korrekte Techniken auszuführen. Jeder, der das Bokken in die Hand nimmt, um sich intensiv damit zu beschäftigen, wird früher oder später Fragen nach den Hintergründen, der richtigen Handhabe und den Übungsformen haben.

Aufgegliedert in zwei Teile beantwortet dieses Buch systematisch die fundamentalen Fragen rund um das Bokken:

Teil I klärt über die Geschichte und die Entwicklung des hölzernen Samuraischwertes auf und gibt Einblicke in die wesentlichen Unterschiede zwischen *Iai-Do* und *Kendo*.

Teil II befasst sich mit dem Training. Er widmet sich dem Bokken als Waffe und zeigt auf, welche unterschiedlichen Bokkenarten es gibt. Nach den Erläuterungen des Zeremoniells werden die wichtigsten Stellungen, sowie Schlag- und Blockbewegungen erklärt. Einzel- und Partnerübungen veranschaulichen die wesentlichen Schwerttechniken der Samurai, die auch heute in der modernen Selbstverteidigung mittels Stock oder Schirm nachvollzogen werden können.

Mit „BOKKEN - Das hölzerne Schwert der Samurai" liegt ein informatives Werk über diese besondere Waffe vor, die wesentlich dazu beitrug, dass *Myamoto Musashi* zum berühmtesten Samurai wurde und *Morihei Ueshiba* half sein Aikido zu entwickeln.

Gleichwohl es keinen Lehrer ersetzen kann, gibt es allen interessierten Kampfsportlern die Möglichkeit korrekt mit dem hölzernen Samuraischwert umzugehen, ob bei Partnerübungen oder beim alleinigen Training.

Der Begriff *Bokken* setzt sich zusammen aus *Boku = Holz* und *Ken = Schwert*. Da im Japanischen das Endungs-U oft stumm ist, wird aus Boku-Ken Bokken.

Die Entwicklung des Bokken im Feudalen Japan

Die Geschichte der japanischen Krieger und ihrer Künste, insbesondere der Schwertkunst, ist so umfangreich, dass es mehr als eines Buches bedarf, um erschöpfend darüber Auskunft zu geben. Da dieses Werk das Thema *Bokken* zum Gegenstand hat, wird hier nur auf die wesentlichen Grundzüge der Entwicklung der Schwertkunst eingegangen, soweit es das Bokken betrifft.

Obwohl das Bokken eine eigenständige Waffe ist, ist das Training mit ihm keine eigene Disziplin. Es gibt kein *Bokken-Jutsu* oder gar ein *Bokken-Do*!

Das systematische Üben mit dem hölzernen Samuraischwert war und ist immer eine Unterdisziplin, eine Übungsform, deren Ursprung aus dem *Ken-Jutsu* - der Schwertkunst kommt.

Ken-Jutsu begann sich in der Form, wie wir es heute kennen, erst in der *Kamakura-Periode (1185 - 1333)* zu entwickeln. In der *Muromachi-Epoche (1336 - 1568)* stand es in Hochblüte, obwohl die Samurai schon viel früher Schwerter trugen. So ist die Geschichte des japanischen *Schwertes* und die Geschichte der japanischen Schwert*kunst* nicht identisch. Hier geht es um zwei Dinge: zum einen um den *Gegenstand* an sich, und zum zweiten, um die verschiedenen *Methoden* mit diesem Gegenstand umzugehen. So wie das Samuraischwert in seiner Art und Beschaffenheit in den verschiedenen Epochen verbessert wurde, haben sich Taktik und Techniken es zu führen entsprechend weiter entwickelt.

Erste Erwähnung des Bokken

Im *Nihon-Shoki* und dem *Kojiki*, den beiden größten historischen Anthologien der japanischen Geschichte, wird die Anwendung des Bokken als Waffe bereits 400 n.Chr. erwähnt.

Zu dieser Zeit konnte man noch nicht von Schwert*kunst* sprechen. Im Gegenteil, es gab keine entwickelten und fest eingeübten Techniken und Zweikampfstrategien. Die japanischen Krieger rannten laut schreiend mit erhobenen Schwertern in geschlossenen Linien aufeinander los, nachdem sie sich vorher gegenseitig mit einem Pfeilhagel bombardiert hatten. Dann schlugen sie auf den Schlachtfeldern wahllos aufeinander ein. Es galt das Gesetz des Stärkeren und jedes Mittel war recht, um sein eigenes Leben zu retten. Ihre Bokken, etwa ein Meter lange, geschnitzte Knüppel, sind nicht zu vergleichen mit den heutigen maschinell hergestellten Bokken. Die Krieger trugen sie in der Hand und benutzen sie bisweilen als

Wanderstock. Diese *Boku-To* wurden später von geschmiedeten Schwertern aus China für lange Zeit verdrängt.

Über die Jahrhunderte und verschiedene Epochen hinweg, entwickelte sich der japanische Schwertkampf weiter. Prägende Einflüsse kamen aus China und inländischen Entwicklungen. In der *Nara-Epoche (710 - 784)* wird erstmals das Wort *Fechtkunst* erwähnt. Es handelte sich aber nicht, wie man annehmen könnte, um eine systematische Lehrmethode mit festgeschriebenen Inhalten, sondern lediglich um militärischen Drill am Kaiserhof in der damaligen Hauptstadt Nara. Die Fechtstunden erfolgten ohne festes Konzept und fielen je nach Laune der Ausbilder vollkommen unterschiedlich aus.

Fünf wesentliche Epochen

Betrachtet man die Entwicklung der Schwertkunst im Hinblick auf die Geschichte Japans, mit der *Epoche des chinesischen Einflusses (645 - 784)*, über das *Mittelalter (1184 - 1600)*, bis zur *Meiji Epoche (1868 - 1912)*, so lassen sich aus 1267 Geschichtsjahren (645 - 1912) und insgesamt 15 Epochen, 5 Epochen herausgreifen, die für die Entwicklung der Schwertkunst wesentlich waren:

1. Heian Epoche (784 - 1184)
2. Kamakura Epoche (1184 - 1333)
3. Muromachi (Ashikaga) Epoche (1336 - 1568)
4. Tokugawa (Edo) Epoche (1600 - 1868)
5. Meiji Epoche (1868 - 1912)

Nara Epoche (710 - 784)

Die *Nara Periode* setzte den Grundstein für die Abkehr von der geraden Schwertform und führte hin zur charakteristischen Krümmung der Schwertklinge, die bis heute den Samuraischwertern ihr markantes Äußeres verleiht.

Heian Epoche (784 - 1184)

Die darauffolgende *Heian Epoche* trug jedoch weit mehr zur Entwicklung bei. In dieser Epoche, in der sich die eigentliche Kriegerkaste der Samurai erst richtig herauszubilden begann, wurde unter deren Einfluss die Schwertschmiedekunst enorm vorangetrieben und in der anschließenden *Kamakura Epoche (1184 - 1333)* weiter verbessert.

Muromachi Epoche (1336 - 1568)

In der *Muromachi Epoche (1336 - 1568)* schließlich begann das Zeitalter der großen Schwertfechter. Diese Epoche, die auch „die Zeit der kämpfenden Daimyate" genannt wurde, weil im ganzen Land Kriege herrschten, brachte sowohl die besten Schwert*schmiede* hervor, als auch berühmte Schwert*kämpfer*.

Die *Kampf*kunst und die *Schmiede*kunst entwickelten sich parallel, da die Schmiedemeister auf die Wünsche der Samurai eingingen. Das Prinzip lautete: *„Bessere Kämpfer brauchen bessere Schwerter. Bessere Schwerter bringen bessere Kämpfer hervor."*

Überall im Land entstanden Schwertschmieden und Fechtschulen. Begabte Samurai, die siegreich aus vielen Zweikämpfen hervorgegangen waren, zogen sich von den Schlachtfeldern zurück und eröffneten Schwertkampfschulen, in denen sie ihre Kampfkünste und Strategien lehrten. Sie benannten ihren Stil *(Ryu)* entweder nach ihrem Namen oder nach einem bestimmten Merkmal ihrer Techniken.

Kata und die Wiederentdeckung des Bokken

Da man bei den Fechtstunden bislang mit scharfen Schwertern übte, war für die jungen Samurai das Erlernen und Üben der Techniken sehr gefährlich. Selbst die besten und geschicktesten Kämpfer riskierten durch den Hauch einer Unachtsamkeit verletzt, wenn nicht sogar getötet zu werden. Trotz Tragen einer leichten Rüstung kam es immer wieder zu schwerwiegenden Verletzungen: Gliedmaßen wurden abgetrennt oder ein Übender fand den blutigen Tod durch einen Gurgelstich. Die Schwertkampflehrer sahen, dass diese Methode nicht die richtige sein konnte - es musste ein Weg gefunden werden, die Echtheit des Kampfes bis auf ein Höchstmaß zu imitieren, ohne gefährliche oder gar tödliche Verletzungen davonzutragen - es entstand die *Kata*: Angreifer und Verteidiger lernten den Ablauf der Techniken und führten sie entsprechend langsam aus. Saßen die einzelnen Bewegungen exakt, wurde an der Schnelligkeit und an der Kraft gearbeitet. Am Ende entstand ein perfekt choreographierter Schwertkampf mit Attacken und Ausweichmanövern, mit Hieben und Stichen, mit Schlägen und Blöcken. In dieser Zeit kam das Bokken zu neuen Ehren: es nahm den Platz des Katana für die Dauer der Übungsstunden ein.

Gegen Ende der Muromachi Epoche existierten in ganz Japan 1700 Fechtschulen (aufgelistet von Fujita Seiko) mit eigenen *Ken-Jutsu-Ryu*, die sich mehr oder weniger von einander unterschieden - bei allen aber war das Bokken die zentrale Übungswaffe!

Die Vorteile des Bokken

Der verstärkte Umgang mit dem Bokken brachte einige Samurai zum Nachdenken. Sie erkannten, dass das Üben mit dem Bokken zwar die tödliche Gefahr der Stich- und Schnittverletzungen ausschloss, jedoch trotzdem gefährliche Verletzungen wie Gelenkbrüche durch Hiebe, Atemtod durch Kehlkopfschläge oder Gehirntod durch gewaltige Schädeltreffer brachte. Das Bokken erlaubte alle Techniken des Katana und brachte obendrein noch neue Techniken hervor, wie zum Beispiel Block- und Würgetechniken, die mit einer scharfen Klinge nicht durchführbar sind, da sie entweder bricht oder man sich selbst verletzt, weil man in die Klinge fassen muss.

Zu diesen Erkenntnissen, die hauptsächlich die Techniken betrafen, kamen noch weitere hinzu. Bei schlecht gearbeiteten Katana kam es vor, dass das feuchte Klima der Insel die Verriegelung der Schwertangel mit dem Griff morsch werden ließ und so das Schwert an dieser Stelle unsichtbar von innen schwächte. Das konnte bei extremen Schwertbewegungen zu einem Lösen der Klinge vom Griff führen und in entscheidenden Momenten den Tod des Kämpfers bedeuten. Diese Gefahr bestand beim Bokken, das nur aus einem massiven Teil besteht, nicht. Ging beim intensiven Üben doch einmal ein Bokken zu Bruch, so war dies für den Samurai weit leichter zu verschmerzen, als der Verlust eines Katana, das er nun für repräsentative Zwecke bewahren konnte.

Würgetechnik mit dem Bokken.
Die Schneide liegt in der Armbeuge.

14

Das Bokken als Stellvertreter für das Katana

Doch nicht nur technische Vorteile waren der Grund dafür, dass sich das Bokken als Waffe neben dem Katana behaupten konnte. Es spielten auch ganz einfache Gründe eine Rolle, die von vielen Samurai als nieder angesehen wurden. Dazu muss man wissen, dass die Samurai zu der Bevölkerungsschicht gehörten, die alle Dinge, die sie betrafen, bis zur Perfektion trieben. Jede Handlung, die nach außen drang, musste ihrem Stand und ihrem Ansehen entsprechen. Überall, wo Künste gelehrt werden, gibt es Anwender, die nie zu wahrer Meisterschaft gelangen. Die weniger Talentierten waren es, die dem Bokken den Vorzug vor dem Katana gaben: beim Umgang mit dem Bokken mussten sie weitaus weniger aufpassen, als bei der Handhabung eines echten Schwertes. Die Kunstfertigkeit des Schwertziehens *(Nukitsuke)* aus der Scheide und das anschließende Zurückstecken *(Noro)* hatte sie ebenso wenig zu kümmern, wie sie auf die Scheide selbst nicht achtgeben mussten, da sie gar keine besaßen. Das Bokken bedurfte darüber hinaus keiner besonderen Pflege und Sorgfalt. Oft waren es *Ronin*, herrenlose Samurai, die sich für den Gebrauch des Bokken entschieden, da sie nicht so viel Geld besaßen, um ein meisterlich geschmiedetes Katana zu erstehen, und anderseits sich nicht soweit herabließen, getöteten Gegnern ihre Schwerter zu rauben.

Die besser gestellten Ronin trugen mit Stolz eigens für sie hergestellte Bokken aus edlerem Holz mit eingeschnitztem oder eingebranntem Namen. Sie wurden von Tischlern angefertigt, die sich auf die Bokkenherstellung spezialisiert hatten. Diese Bokken waren in Form, Länge und Gewicht den Katana so exakt wie möglich nachempfunden (siehe II. Teil).

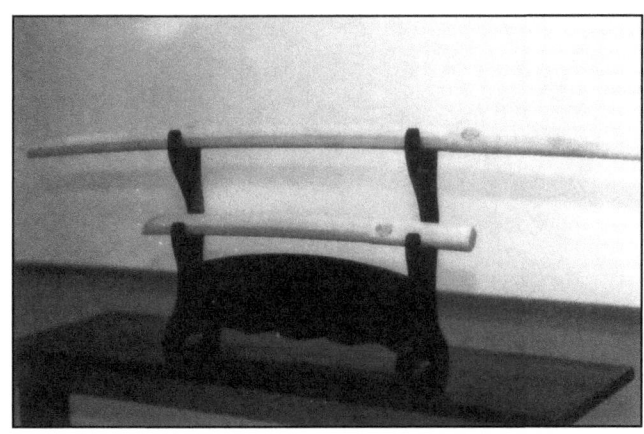

Ein Bokken -
Daisho des Autors
mit seinem
japanischen
Namenszeichen

Vom Schlachtfeld zum Duell

In der langen Zeit der *Tokugawa Epoche (1600 - 1868)*, auch als *Edo Epoche* bezeichnet, stagnierte die Fechtkunst für das Schlachtfeld und die Schmiedekunst verbesserte sich nicht mehr weiter. Das Tragen der Schwerter war für die Samurai zwar obligatorisch, aber ihr eigentlicher Zweck, auf dem Kriegsschauplatz zu bestehen, machte repräsentativen Erfordernissen Platz - Prunkschwerter mit üppigen Verzierungen entstanden. Die großen Kriege zwischen den Daymiaten wichen kleineren Aufständen, für die es keiner aufwendigen Heere mehr bedurfte. Das Kampfgeschehen reduzierte sich von Massenkämpfen auf Einzelkämpfe der Samurai - meist waren dies Prestigeduelle zwischen Vertretern verschiedener Ryu, die ihren Namen und ihren Ruf zu verteidigen hatten. Da diese Duelle oft tödlich ausgingen, mussten die jeweiligen Sieger offensichtlich die bessere Ryu ausüben, was ihnen weiterhin Schüler einbrachte, die für ihren Lebensunterhalt aufkamen.

„Das Holz siegt(e) über das Eisen"

Auch in diesen Duellen gingen Kämpfer mit Bokken als Sieger über das Katana hervor, was in dem Ausspruch *"Shi no tetsú ni boku"* in den *Kenshi Kodan*, den historischen Erzählungen über berühmte Schwertkämpfer, zum Ausdruck kam. Die bekanntesten Erzählungen sind wohl die über *Myamoto Musashi* und sein Duell mit *Sasaki Kojiro* oder die über *Ittosai Kagehisa* gegen *Migogami Tenzen*.

Darstellung zweier Samurai beim Übungskampf mit dem Bokken (Hokusai)

In beiden Fällen siegten erstere mit hölzernen Schwertern über stählerne: *„Boku wa tetsú o makashita" - „Das Holz siegt(e) über das Eisen".*

Obwohl die Fechtkunst nicht mehr zu den primären und existenziellen Lebens-faktoren der Samurai gehörte und damit verloren zu gehen drohte, blieben ver-schiedene Schwertkampfschulen bestehen. Diejenigen Samurai, die sich stark in der Fechtkunst verwurzelt sahen, übten weiterhin beharrlich und brachten erneut Entwicklungen in das Schwertkampftraining ein. So entwickelte der Fechtmeister *Chuta Nakanishi* in der Mitte der Tokugawa Periode ein Übungsschwert aus Bam-busteilen, das bis heute nach Weiterentwicklungen als *Shinai* im Kendo verwendet wird.

Das Waffenverbot und seine Folgen

Die *Meiji-Epoche (1868 - 1912)* brachte die letzten und größten Einschnitte in der Entwicklung der Schwertkunst hervor. Aufgrund mehrerer rebellischer Samurai-aufstände verbot die Zentralregierung jedem Bürger von Kyoto das Tragen und den Gebrauch eines Schwertes. Dieses Verbot führte in der letzten Konsequenz zum Verfall der Schmiedekunst und einem einhergehenden Niedergang der Schwert-kampfschulen. Von den 1700 verschiedenen Ryu, die sich über die Epochen entwi-ckelt hatten, blieben nur ein Dutzend namhafte bestehen.

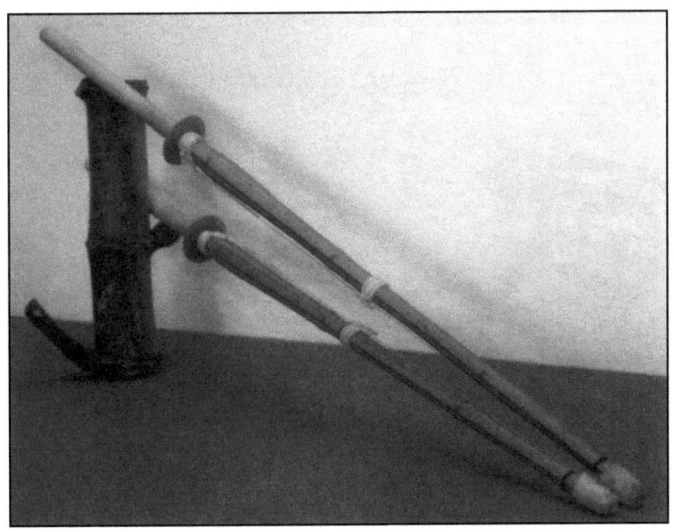

Shinai

Das Schwert - die Seele des Samurai

Die Meiji-Regierung brach mit dem alten System. Sie löste die bestehenden Gesellschaftsstrukturen auf und formte sie neu. Brauchtum, Erziehung und gesellschaftliche Gepflogenheiten wurden als veraltet abgetan und denen der westlichen Welt angeglichen. Die Kriegerkaste der Samurai, die bisher die mittlere und führende Klasse in Japan verkörperte, wurde abgeschafft und durch eine neue Militärstruktur ersetzt. Den feudalen Kriegskünsten, zu denen besonders die Schwertkunst zählte, nahm man ihren Status. Die Kunst des Tötens um des Tötens Willen wurde verabscheut. So wurden die Schwerter auf die Ständer gelegt und dienten als Dekoration in den Häusern derjenigen Samurai, die inzwischen zu Händlern geworden waren oder ihr Brot auf andere Weise verdienten.

Die Seele des Samurai darf nicht sterben

Die traditionsbewusstesten und fähigsten Samurai jedoch, die sich nicht so einfach mit ihrem Schicksal abfinden wollten, fanden bei Militär und Polizei Anstellung, wo sie Möglichkeiten sahen, ihre über Jahrhunderte entwickelten und hochstilisierten Künste nicht untergehen zu lassen. Sie schlossen sich in Gruppen *(Kai)* zusammen, wo sie ihr Wissen austauschten und pflegten. Durch dieses Vorgehen wurde dem erwarteten Untergang nicht nur entgegengewirkt, sondern - im Gegenteil - noch mehr erreicht: Die Samurai fanden einen Weg, die Kriegskünste zu geistig-moralischen Lehren zu erheben.

Der *Zen-Buddhismus* gab ihren Künsten neue Inhalte. Der *frühe Bushido*, der seine Anfänge bereits im 12. Jahrhundert fand und in der Tokugawa Epoche reformiert wurde, wurde nun zum *modernen Bushido* kultiviert: Die Schwertkunst

Kanji: Budo

war nun nicht mehr nur eine kriegerische Angelegenheit, in der Sieg oder Niederlage, Tod oder Leben entscheidend waren und die ausschließlich die Samurai betraf. Sie wurde nun zu einer Kunst erhoben, die Körper, Geist und Seele vereinen sollte. Aus Bu*jutsu* wurde Bu*do* und damit ein festes Fundament philosophischer Verwurzelung des Samuraigedankens in allen Bevölkerungsschichten Japans.

Ken-Jutsu

Der Begriff *Ken-Jutsu* ist zunächst nur ein Oberbegriff. Er definiert kein bestimmtes System und keine bestimmte Stilrichtung. So wie der bloße Begriff *Karate-Do* nichts darüber aussagt, ob *Funakoshis Shotokan* gemeint ist oder *Miyagis GoJu-Ryu*. Der Begriff *Ken-Jutsu* sagt lediglich aus, dass es hier um die Kunst geht, mit dem Schwert umzugehen. Wie diese Kunst auszuüben ist, welche Taktik und Strategie und welche Techniken anzuwenden sind, schreiben die einzelnen Stilrichtungen (*Ryu*) vor. Diese wurden von ihren Begründern definiert und beruhten auf Erfahrung und persönlicher Interpretation der Meister. Die Anzahl der Techniken, ebenso die Art und Weise sie auszuführen waren begrenzt, da der Kämpfer selbst durch den Handlungsspielraum, den sein Körper zuließ, begrenzt war. So unterschieden sich die einzelnen Ryu eben nur in Details: Fußstellungen, Handhaltung, Ausgangspositionen. Scheinbar unbegrenzt schienen jedoch die Möglichkeiten der Kombination von Techniken, die sich in den unzähligen Kata wieder spiegelte und von der Erfindungsgabe und der Begeisterung der Begründer zeugten.

Ken-Jutsu-Kampfszene

Wann genau die erste richtige Ryu existierte, also eine Stilrichtung, die ein *festge-legtes Schema*, einen *strukturierten Lehrplan* vorwies, ist nicht exakt zu ermitteln, da die legendenreiche Geschichte Japans uns bei dieser Frage im Dunkeln lässt. Die ersten historisch belegten Nennungen authentischer Schwertkampfstilrichtungen sind nicht vor der *Muromachi Epoche (1336 - 1568)* zu finden.

In dieser Epoche erlebte das Ken-Jutsu seine Hochblüte. Es wurden aber ebenso in den darauf folgenden Epochen Stilrichtungen kreiert. Fünf der bekanntesten, die heute noch praktiziert werden, sind:

- **Katori-Shinto-Ryu** (Begründer: Jizasa Choisai, 1387 - 1488)
- **Shinkage-Ryu** (Ise-no-Kami Nobutsuna, 1520 - 1577)
- **Yagyu-Shinkage-Ryu** (Yagyu-no-Kami Muneyohi, 1527 - 1606)
- **Itto-Ryu** (Ittosai Kagehisa)
- **Niten-Ichi-Ryu** (Miyamoto Musashi, 1584 - 1645)

Die wohl bekannteste unter ihnen ist die „Zwei-Himmel-", bzw. die „Zwei-Schwer-ter-Schule" *Niten-Ichi-Ryu* von *Myamoto Musashi*. Musashis Ruhm ist sowohl auf die Begründung seiner Ryu zurückzuführen, als auch auf sein Werk *„Das Buch der fünf Ringe"*. Durch das fulminante Romanepos *„Musashi"* von Eiji Yoshikawa hat er weltweit unsterblichen Ruhm erlangt.

Zwei Kendoka in Aktion

Sicher ist, was das Ken-Jutsu als eigenständige Disziplin und Kampfkunst angeht, dass nicht so sehr die jeweilige Ryu entscheidend war, sondern ihr Vertreter. Es ist das Gesetz der Selektion, dass der bessere besteht - so überlebten nur die ausgefeiltesten Ryu mit ihren fähigsten Kämpfern.

Lässt man die verschiedenen Stilrichtungen außer acht und beschränkt sich auf den Oberbegriff *Ken-Jutsu*, bleibt klar festzuhalten, dass Ken-Jutsu die Mutter der beiden Disziplinen *Ken-Do* und *Iai-Do* ist.

Ken-Do

Der wesentliche Unterschied zwischen Ken-*Jutsu* und Ken-*Do* entspricht dem zwischen Ju-*Jutsu* und Ju-*Do*: von der kriegerischen Kampfkunst weg zum Sport hin, haben sich diese beiden Disziplinen entwickelt. Bei beiden, *Kendo* und *Judo*, handelt es sich um Systeme, die aus alten, bestehenden neu geschaffen wurden.

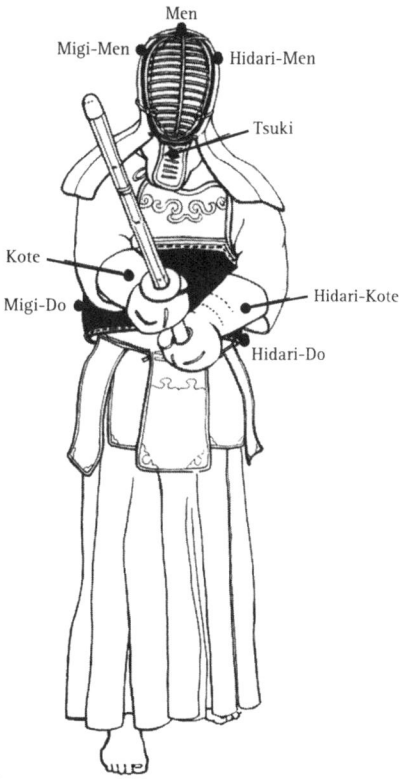

Kendoka mit Trefferstellen

Gefährliche Techniken wurden herausgenommen oder entschärft. Es wurde ein Regelwerk geschaffen mit erlaubten und verbotenen Handlungen, mit Bewertung und fest gefügten Standards.

Um vom eigentlichen Thema des Buches - dem Bokken - nicht zu sehr abzuschweifen, wird hier nur auf die hauptsächlichen technischen Merkmale des Kendo und des Iai-Do eingegangen, die auch auf das Bokken übertragen werden können.

Als Entwicklung und Versportlichung des ursprünglichen Schwertkampfes geht es im Kendo darum, den Gegner unter Einhaltung des Regelwerkes nach Punkten zu besiegen, d.h. ungedeckte Stellen zu entdecken und diese zu treffen.

Im heutigen Kendo gibt es acht verschiedene Treffer: Sieben Schläge und einen Stich. Die Trefferstellen sind Schädel *(Men)*, rechte und linke Schläfe *(Hidari und Migi-Men)*, rechtes und linkes Handgelenk *(Kote und Hidari-Kote)*, rechte und linke Flanke *(Migi-Do und Hidari-Do)* und Kehlkopf *(Tsuki)*. Jeder Treffer muss mit einem Kampfschrei *(Ki-Ai)* begleitet werden. Zur Ausrüstung gehört zum Gi der Kopfschutz *(Men)*, der Brustpanzer *(Do)*, der Hüftschutz *(Tare)* und die Handschuhe *(Kote)*. Getroffen wird mit dem Fechtstock *(Shinai)*, der aus Bambus hergestellt ist.

Das Prinzip des Kendo

Das Prinzip des Kendo ist das blitzschnelle Angreifen mit korrekter Technik und das Erzielen eines Treffers. Ein Kendoka darf keinen Zweifel an seiner Technik haben und er darf nicht zögern. Mit Entschlossenheit und absoluter Wachsamkeit muss er die Blöße seines Gegenüber entdecken und diese zu seinem eigenen Vorteil nutzen, um den entscheidenden - im Ernstfall - verstümmelnden oder tödlichen Schlag - auszuführen. Diese Grundforderung stammt aus dem Ken-Jutsu und kommt, wenn man ausschließlich diesen Aspekt betrachtet, der alten Schwertkunst im echten Kampf am nächsten. Trotzdem hat das heutige sportliche Kendo nur noch wenig mit traditionellen Ken-Jutsu gemein. Der Bezug zum Ken-Jutsu wird hauptsächlich durch drei Dinge getrübt:

1. Die Trefferstellen und die Techniken sind eingeschränkt und erlauben dem Kämpfer nur begrenzte Handlungen.
2. Das Shinai weckt durch sein Aussehen keine Assoziationen zum Samuraischwert und verfälscht dadurch die ursprünglichen Bewegungen des Schwertkampfes.
3. Es fehlt die fundamentale Handlung des Schwertziehens.

22

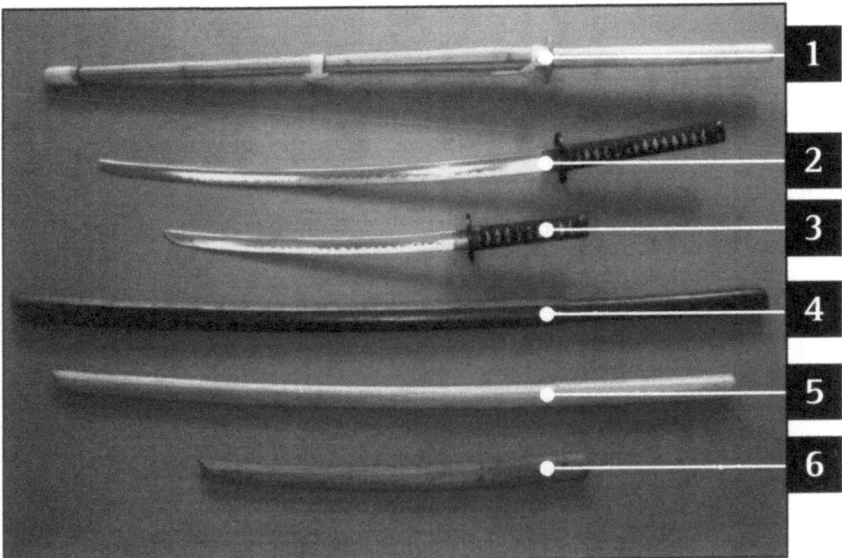

1: Shinai 2: Katana 3: Wakizashi 4: Suburi-To 5: Bokken 6: Bokken-Shoto

Iai-Do

Diesen letzten beiden Punkten genügt die Disziplin des Iai-Do. Ebenso wie das Kendo ist es über das *Iai-Jutsu* aus dem Ken-Jutsu hervorgegangen. Dadurch, dass sich viele Duelle nicht mehr nur auf bloße Schläge beschränkten, sondern oft mit einem einzigen Hieb entschieden wurden, hing die entscheidende und damit todbringende Technik vom schnellen Ziehen des Schwertes ab. Dem schnellen Ziehen folgte unmittelbar der Angriff. Erst wenn dieser vom Gegner pariert wurde, musste ein zweiter folgen.

Iai-Do ist kein Wettkampf

Im Gegensatz zu Kendo gibt es im Iai-Do keine Auseindersetzung mit einem realen Gegner. Es geht nicht um Trefferpunkte und Regelverstöße. Iai-Do ist demnach kein Sport, sondern eine in sich geschlossene Disziplin, mit hohem spirituellen Charakter. Im Iai-Do ist nur ein imaginärer Gegner vorhanden, der besiegt werden soll. Das Iai selbst ist eine vorgeschriebene Abfolge von vier Handlungen. die die Techniken eines Duells zwischen zwei oder mehreren Samurai symbolisieren.

Die vier Techniken sind:
1. Das Ziehen *(Nukitsuke)* des Schwertes
2. Das Schlagen *(Kiritsuke)*
3. Das Abschütteln *(Chiburi)* des Blutes
4. Das Zurückstecken *(Noto)* der Klinge in die Saya.

Da es im Iai-Do keinen realen Gegner gibt, den man treffen kann oder der einen treffen könnte, gilt es hier, den Sieg über sich selbst zu erzielen: Den Sieg gegenüber schlechter Konzentration und mangelndem Bewusstsein. Jede Handlung muss mit vollkommener Wachsamkeit ausgeführt, jede Bewegung muss bis zur Perfektion getrieben werden - man spricht vom *Handeln, ohne dass der Hauch eines Gedankens dazwischen liegt.*
Diese Prinzipien gelten im wesentlichen auch für Kendo (und im Grunde für alle Budosportarten), denn nur wer wachsam ist kann siegen. Trotzdem sind die gravierenden Unterschiede zwischen diesen bei den Disziplinen, obwohl sie gleichen Ursprungs sind, mehr als offensichtlich. Die verwurzelten Anhänger des Ken-Jutsu sehen durch die Spaltung und Spezialisierung des Ken-Jutsu in Iai-Do und Kendo eine Abkehr von der ursprünglichen Schwertkunst, da der einen Disziplin ein Teil der anderen fehlt und umgekehrt. Dem versportlichten Kendo fehlen die meditativen Momente im Umgang mit einem echten Schwert und dem Iai-Do die realistische Auseinandersetzung mit einem leiblichen Gegner. Um dieses Manko auszugleichen sind viele Kendo-Meister auch Iai-Do-Meister.

Aiki-Ken

Als dritte große Budodisziplin, die sich - außerhalb des Ken-Jutsu - mit dem Gebrauch des Bokken auseinandersetzt, soll schließlich das *Aikido des Morihei Ueshiba (1883 - 1969)* erwähnt werden.
Ueshiba hat mit seinem Aikido eine Synthese aus verschiedenen Budodisziplinen erschaffen, wobei er die Hauptinhalte aus dem damals in Japan führenden JuJutsu-System *Daito-Ryu* nahm, das er selbst praktizierte. Die strukturierte Zusammenfügung des waffenlosen Ju-Jutsu mit Techniken aus den klassischen Waffenschulen, vorrangig den Schwertkampfschulen, ließen schließlich eine neue Disziplin entstehen, die er 1938 unter der Bezeichnung *Aikido* lehrte.
Um die historischen Wurzeln zu ehren sind heute noch die Waffentechniken *(Bukki-Waza)* Bestandteil des Aikido. Die Techniken mit dem Bokken werden, neben den Übungen mit dem Jo-Stab *(Aiki-Jo)*, unter dem Begriff *Aiki-Ken* geübt, wobei das Üben und das Repertoire der waffenlosen Techniken *(Tai-Jutsu)* im Vordergrund stehen, da sie die elementaren Aikidoprinzipien beinhalten.

Morihei Ueshiba
beim Ausüben
des Aiki-Ken

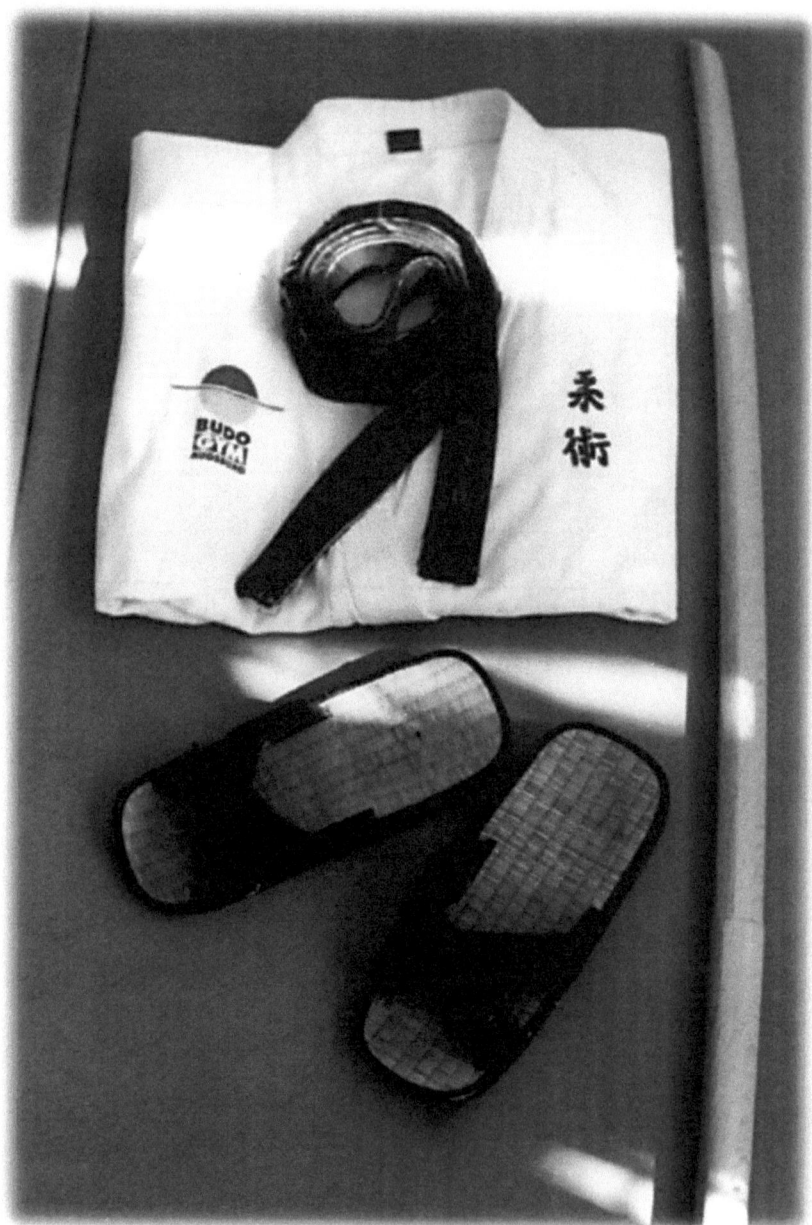

II. Das Training mit dem Bokken

TRADITIONELLE ÜBUNGSKLEIDUNG - KEIKO GI

Die traditionelle Übungskleidung für das Training der Budokünste hat sich bis heute erhalten. Sie besteht aus Jacke *(Uwagi)*, Hose *(Zubon)* und Gürtel *(Obi)* und ist aufgrund gesellschaftlicher Vorgaben und Erfahrungswerte aus der Praxis entstanden. Zum Üben mit dem Bokken trägt man je nach Schule einen weißen, dunkelblauen oder schwarzen Gi.

Jacke - *Uwagi*
Grundsätzlich wird immer die linke Jackenseite über die rechte geschlagen - es wird kein Unterschied zwischen den Geschlechtern gemacht - grundsätzlich wird das Schwert immer links getragen.

Gürtel - *Obi*
Wie bereits erwähnt, ist das Üben mit dem Bokken außerhalb der Disziplinen Kendo, Iai-Do und Aikido, sowie den aufgezählten fünf Ken-Jutsu-Disziplinen

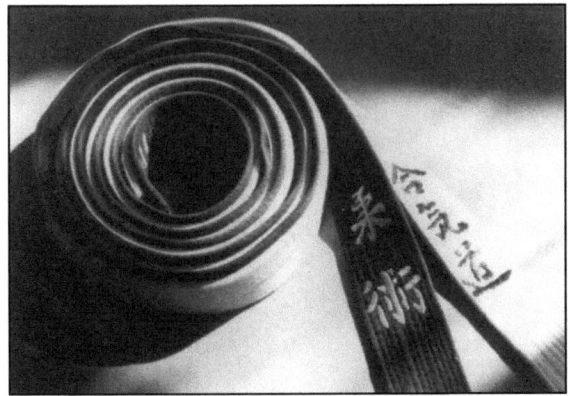

Gürtel mit Schriftzeichen
Jiu-Jitsu und Aikido

keine eigene Disziplin. Es gibt kein *Bokken-Jutsu* oder *Bokken-Do*. Der Übende trägt entweder einen weißen Gürtel oder als *Dan*-Träger einen schwarzen.

Hosenrock - *Hakama*

Der Hakama, der traditionelle japanische Hosenrock, wird auch heute noch von verschiedenen Gesellschaftsschichten in Japan als Kleidungsstück getragen.
In Budokreisen hat es sich eingebürgert, dass nur die Meistergrade der ‚Ursprungs-disziplinen' (Jiu-Jitsu, Aikido, Kendo, Iai-Do und Kyudo) über der Zubon einen Hakama in schwarz oder dunkelblau tragen.

Mattensandalen - *Zori*

Die Zori gehören zum Keiko-Gi dazu. Man trägt sie außerhalb der Matte. Betritt man die Matte, streift man sie mit dem Rücken zur Matte gerichtet am Mattenrand ab und lässt sie dort stehen, bis man die Matte wieder verlässt.

Stirnband - *Hachimaki*

Das Stirnband ist heute eigentlich nur noch im Kendo obligatorisch. Dort nimmt es nicht nur den Schweiß von der Stirn, sondern dient auch als Polsterung für den Kopfschutz. Aus mythologischer Sicht erfüllt das Hachimaki (auch *Tenugui*) die Bedeutung des "Geist sammelns" und des "Geister vereinens", das heißt, mit ihm sollen die Gedanken zusammengehalten werden, gleichzeitig sind die guten Geister mit einem und ermutigen, dem Tod ins Angesicht zu sehen. So banden sich die Samurai vor einem Duell ebenso ein Hachimaki um, wie vor dem Begehen des rituellen Selbstmords (*Seppuku*). Auch von den Kamikaze-Fliegern weiß man, dass sie sich vor ihren Todesflügen ein Hachimaki umbanden.

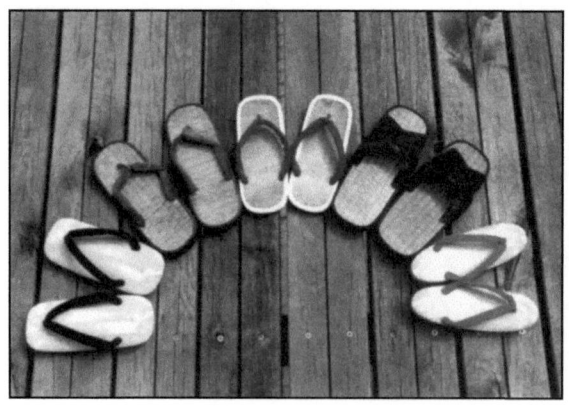

Unterschiedliche Zori

DAS BOKKEN - BOKU-TO

> *Seit Takezo Besitzer des Schwarzeichenschwerts geworden war, ging er nie ohne es aus. Allein der Umstand, das Schwert in der Hand zu halten, bereitete ihm ein unbeschreibliches Vergnügen. Oft packte er den Griff fest mit der Hand, oder er ließ die stumpfe Seite über die Handfläche gleiten, nur um die vollendete Krümmung der Klinge zu spüren. Im Schlaf presste er es an sich. Die kühle Berührung des Holzes an seiner Wange gemahnte ihn an das Dojo, wo er sich winters im Schwertfechten geübt hatte. Dieses nahezu vollkommene Schwert erweckte seinen vom Vater ererbten Kampfgeist zu neuem Leben.*
>
> E. Yoshikawa: „Musashi"

Diese Textpassage aus dem Roman "Musashi" von Eiji Yoshikawa beschreibt, wie ein "bloßes Holzschwert" Faszination und Ehrfurcht auf einen Samurai ausüben konnte - wenn es aus besonderem Holz und entsprechend gefertigt war.

Die verwendeten Hölzer für das Bokken

Zur Zeit des feudalen Japan nahmen drei Viertel der gesamten Landfläche Wälder mit großem Artenreichtum ein. Von diesen Hölzern wurden zahlreiche zur Herstellung der Bokken verwendet, wobei man stets darauf achtete, dass sie ihren Zweck als Waffe bestmöglich erfüllten. Hier wurde sowohl von den Tischlern, als auch von den Samurai experimentiert. Erwies sich eine Holzart als zu wenig beanspruchbar, weil entweder zu leicht oder zu wenig fest, wurde sie durch eine andere ersetzt.

Von den in Japan vorkommenden Holzarten wurden zur Herstellung der Bokken verwendet: *Kiriwood, Maulbeerbaum, Ebenholz, Eisenholz, Weide, Sen, Edelkastanie, Katsura, Esche, rote und weiße Eiche.*

Obwohl das heutige Japan noch immer über zwei Drittel Waldfläche verfügt, ist es im Holzhandel relativ unbedeutend. Es exportiert fast ausschließlich Sperrholz und Furniere, kein Schnitt- oder gar Rundholz. Hölzer mit großen Querschnitten importiert es aus Amerika, Kanada, den GUS, Neuseeland und den Philippinen.

Zwei Hauptholzarten

Für den weltweiten Bokkenhandel werden heute hauptsächlich zwei Holzarten verwendet: Die rote und die weiße Eiche.

Roteiche - *Aka Kunugi*

Im Vergleich zu Weißeiche zeigt Roteiche - wie der Name schon sagt - eine deutlich rötliche Färbung. Das meist raschwüchsige Holz besitzt eine grobe Struktur und - wenn es gut gewachsen ist - einen geraden Faserverlauf. Roteiche ist ein dichtes Holz und kann manchmal geringfügig schwerer sein als Weißeiche. Trotzdem besitzt die Roteiche nicht die hervorragende Dauerhaftigkeit der Weißeiche.

Weißeiche - *Shiro Kunugi*

Die *japanische Eiche, europäische Eiche* und die *amerikanische Eiche* werden zwar im Handel voneinander unterschieden, sind aber in ihren Eigenschaften ähnlich und gelten einheitlich als *weiße Eiche*. Das Holz ist hellgelbbraun, gewöhnlich geradfaserig und grob strukturiert. Das Gewicht variiert zwar, ist aber im allgemeinen mäßig schwer. Die amerikanische Eiche ist etwas schwerer als die europäische und japanische. Ihre Eigenschaften sind vom Wachstum abhängig. Rasch gewachsenes Holz ist häufig dicht und erweist sich dann als fest, zäh und dauerhaft - die Bearbeitung kann recht schwierig sein. Langsam gewachsenes Holz hat ein geringeres Gewicht, ist weniger fest und leichter zu bearbeiten.

Weißeiche   Roteiche

Die frühere Herstellung der Bokken

So wie es Schwertschmieden für die Produktion von Katana gab, gab es auch Tischlereien, die ich auf die Herstellung von hölzernen Schwertern spezialisiert hatten. Ein Bokken aus Hartholz herzustellen, war bei weitem nicht so aufwendig, wie die Herstellung eines Katana. Trotzdem verlangte die Fertigstellung eines Bokken, wenn es dem Katana so weit wie möglich nachempfunden sein sollte, handwerkliche Fähigkeiten und Wissen über das Holz.

Für die Herstellung nahm man gut getrocknete Bohlenstücke, die bereits auf die Länge des späteren Bokken zugesägt wurden. Die Stärke der Bohlen betrug in der Regel zwischen 5 und 7 Zentimeter. Sie ging hervor aus dem Stichmaß der Krümmung. Aus diesen Bohlenstücken wurde nach einem Muster, dass auf die schmale Seite der Bohle gelegt und entsprechend angerissen wurde, mit einer Schweifsäge (Gestellsäge mit schmalem Sägeblatt) die Krümmung heraus gesägt. Danach wurden mit Trennsägen die Rohlinge herausgeschnitten. Je nach Breite der Bohle konnte man bis zu acht Rohlinge herausbringen. Jetzt hatte man erst ein sägerauhes, gekrümmte Stück Holz - ohne Griff und ohne Klinge. Für die Herausarbeitung der Grate nahm man verschiedene Hobeleisen und Ziehklingen, auch Glasscherben fanden Anwendung. Für die Rundung des Griffs gebrauchte man verschiedene Raspeln. Gebräuchlich waren Tsuba aus starkem Leder, die in gewässerten Zustand über die Klinge geschoben wurden, bis sie am Griff anstießen. Beim Trocknen zogen sie sich zusammen und saßen somit fest.

Die heutige Herstellung

Heutzutage werden die handelsüblichen Bokken größtenteils in Taiwan maschinell produziert. Man verwendet Eiche, die aus Amerika importiert wird. Vom Herausschneiden aus den Bohlen, über das Abgraten, Schleifen und Einlassen, bzw. Lackieren bis hin zur Verpackung läuft alles über computergesteuene Anlagen. Darüber hinaus gibt es auch heute noch die Möglichkeit, sich handgefertigte Bokken herstellen zu lassen.

DREI BOKKENARTEN

1. Das große Bokken - *Bokken-Daito*
Das Bokken-Daito ist das gebräuchliche Bokken, weshalb der Zusatz "Dai-To", was eigentlich „großes Schwert" heißt, üblicherweise weggelassen wird.
Die Abmessungen sind vom Katana übernommen. Es ist circa einen Meter lang. Die Grifflänge beträgt zwischen 24 und 27 Zentimeter. Das Gewicht schwankt zwischen 500 und 600 Gramm.

2. Das kleine Bokken - *Bokken-Shoto*
Das kleine Bokken entspricht, übertragen auf das Echtschwerterpaar, dem *Waki-zashi*. Es ist zwischen 54 und 60 Zentimeter lang und wiegt zwischen 250 und 350 Gramm. Es findet nur selten Anwendung, da sich die meisten Schwertkampfbewegungen auf das Bokken-Daito konzentrieren.

3. Das schwere Bokken - *Suburito*
Wie der Name schon sagt, wird das Schwert für die Suburi-Übungen benutzt. Es ist größer und schwerer als das normale Bokken und wird eigentlich nur für das Üben der Grundsuburitechniken verwendet. Seine Länge beträgt zwischen 114 und 120 cm und sein Gewicht schwankt zwischen 1.100 und 1.200 Gramm. Es ist die ideale Übungswaffe zur Erlangung von Kraft und Ausdauer im Arm- und Schulterbereich.

Bokken-
Daito
aus
Schwarz-
und
Weißeiche

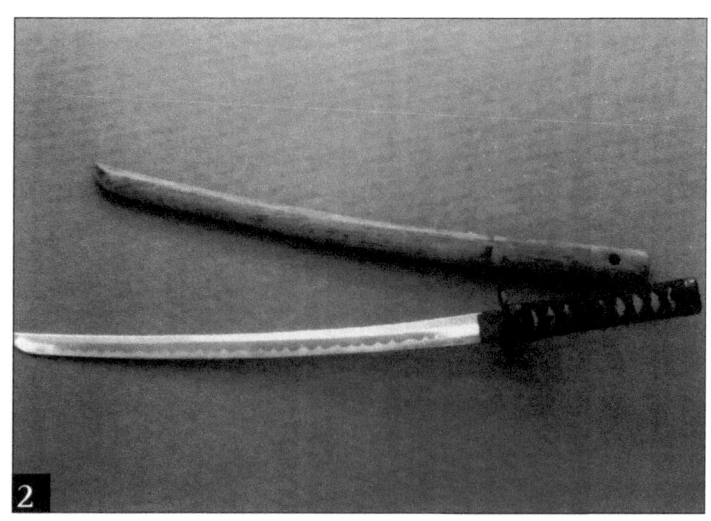

Bokken -
Shoto +
Wakizashi **2**

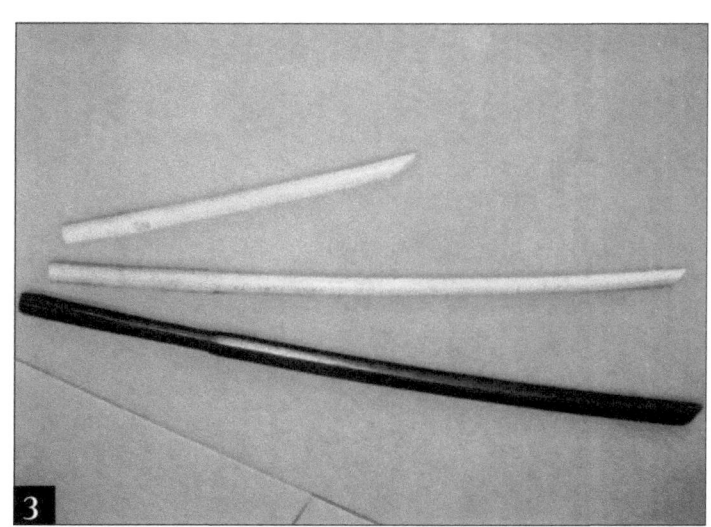

Suburi-To,
Bokken-
Daito und
Bokken-
Shoto **3**

Tsuba ja oder nein?

Oft wird die Frage gestellt, ob man die handelsübliche Kunststoff-*Tsuba* (Stichblatt) am Bokken anbringen oder weglassen soll. Generell gilt: in den heute noch praktizierten Ken-Jutsu-Disziplinen (Katori-Shinto-Ryu, Yagyu-Shmkage-Ryu, Itto-Ryu, Niten-IcM-Ryu und Shinkage-Ryu) wird die Tsuba weggelassen.
Dagegen ist die Tsuba im Iaido und im Jodo unabdingbarer Bestandteil. Während das Bokken im Iaido als Übungssupplement neben dem Iaito und Shinken dient, gilt es im Jodo als eigenständige Waffe. Im Iaido wird der Daumen stets auf der Tsuba gehalten (Taito no shisei, wenn das Schwert im Obi steckt, Keito no shisei, wenn es in der Hand gehalten wird), wenn sich das Schwert in Ruhehaltung befindet. Das Herausschieben (Koiguchi no kiri kata) des Schwertes aus der Scheide (Saya) vor dem Ziehen (Nukitsuke) erfolgt ebenfalls mit dem Daumen über die Tsuba. Beim Jodo erlangt die Tsuba wieder ihre ursprüngliche Bedeutung: die Hand vor der gegnerischen Waffe, dem Jo (Stock) zu schützen.

ETIKETTE - KISHAHO

Die Etikette spielt seit jeher in den Budokünsten eine große Rolle. Sie ist Ausdruck einer Grundhaltung, die die japanische Kultur geprägt hat. Deswegen sollte auf sie nicht verzichtet werden. Bereits beim Betreten eines Dojo soll man die Etikette beachten.

Das Dojo

Das Wort „Dojo" ist ein Begriff aus dem Zen-Buddhismus und kann übersetzt werden mit „Ort zum Üben des Weges", Ursprünglich waren die *Dojo* Orte oder Räume in den Zen-Klöstem, die ausschließlich den Mönchen für ihre geistlichen Übungen vorbehalten waren. Es waren unbeheizte, karge Räume.

Die Samurai benutzten ebenfalls den Begriff „Dojo", wobei sie in diesen Räumlichkeiten nicht wie die Mönche nur Meditationsübungen machten, sondern darüber hinaus Übungen zur Stärkung ihrer Willenskraft und körperlichen Belastbarkeit, sowie Konzentrations- und Kampfübungen. Diese Dojo waren nicht mehr so karg wie in den Klöstern, sondern wiesen neben der Bildnische *(Tokonoma)*

Dojo des Autors

Schüler

Grosses Dojo des Autors

nahe dem Eingang auch einen „Göttersitz" (*Kamiza*), d.h. einen Schrein mit einem Buddha- oder Shintoaltar auf. Durch die Entwicklung des Budo wandelte sich der Begriff Dojo weiter. Er bezeichnete schließlich auch große Fechthallen, in denen zahlreiche Kämpfer übten.

In unserem heutigen Sprachgebrauch versteht man unter Dojo die Räumlichkeiten, in denen Budo-Künste ausgeübt werden und deren Einrichtung und Ambiente dieses sofort erkennen lassen. Ein Dojo ist nach bestimmten Gesetzmäßigkeiten eingerichtet, die traditionellen und praktischen Aspekten Rechnung tragen. In unserem Sprachgebrauch wird die Gesamtheit der Räume (Eingang, Vorraum, Aufenthaltsraum, eigentlicher Trainingsraum, usw. einer Sportschule ebenso als Dojo bezeichnet, wie der alleinige Trainingsraum.

Verhalten im Dojo im Allgemeinen

Das Praktizieren der Budokünste verlangt von jedem, der sich darin übt, erhöhte Aufmerksamkeit und Respekt. Der Respekt gebührt allen und soll vom Lehrer dem Schüler gegenüber genauso gezollt werden, wie umgekehrt. Beide, Schüler

Vorraum des Dojo

Lattenrost

und Lehrer sollen durch ihr Verhalten ebenfalls *dem Dojo* Aufmerksamkeit und Respekt entgegenbringen - es ist ein besonderer Übungsraum, in dem man etwas besondere übt. Darüber hinaus gelten die üblichen Tugenden, wie Ordentlichkeit, Sauberkeit und Disziplin, sowie die Einhaltung der Dojoregeln.

Nach japanischem Vorbild werden die Straßenschuhe im Eingangsraum ausgezogen, abgestellt und dann die Zori angezogen.

Die Zori behält man während des ganzen Aufenthalts im Dojo außerhalb der Matte an. Erst wenn man auf die Mattenfläche (*Tatami*) geht, zieht man sie aus. Bis hier braucht man keinen Unterschied zu machen, ob man eine waffenlose Disziplin übt oder eine bewaffnete. Die allgemeinen Verhaltensregeln gelten für alle Disziplinen und für alle Dojo.

Verhalten beim Bokkentraining

Ist eine Waffe der zentrale Bestandteil einer praktizierten Disziplin, ergeben sich zusätzliche Verhaltensregeln: das Übungsgerät muss in den Trainingsablauf integriert werden. Bei der Handhabung der Waffe als Verlängerung des Armes muss man die Distanz zum Partner neu abschätzen. Ebenso muss man durch die größeren Bewegungsspielräume die Platzverhältnisse anders einteilen.

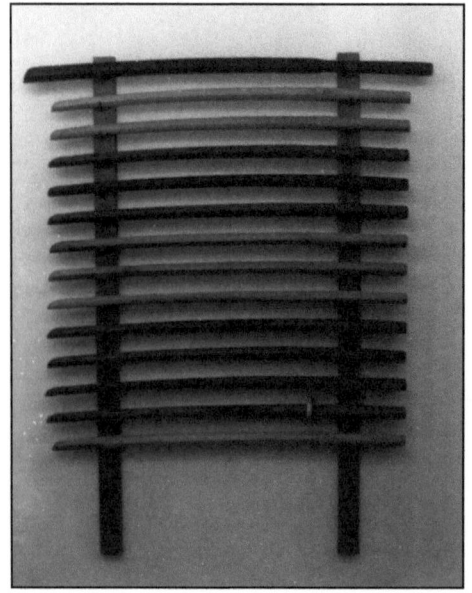

Bokkenständer

Das Entnehmen des Bokken

Das Bokken wird traditionell mit beiden Händen vom Ständer genommen. Bezieht man sich auf einen direkten Ken-Jutsu-Stilbegründer und hängt ein Bild von ihm neben dem Schwertständer, so verneigt man sich davor mit dem Bokken in waagrechter Vorhalte. Sieht man sich keinem bestimmten Stilbegründer zugeordnet, fällt diese Ehrerbietung weg.

Verneigung

Zeremoniell - Reiho

Unter dem Begriff *Reiho* versteht man die rituelle Form des Begrüßens und der Verneigung, bzw. Verbeugung. Es verläuft nach bestimmten Richtlinien, die sich je nach Ryu in wenigen Details von einander unterscheiden: Tragen des Bokken, Bokken ablegen und aufnehmen, Abstand der Gegner voneinander, Handhaltung beim Verneigen am Boden, Blickrichtung.

So orientiert sich zum Beispiel das Begrüßungszeremoniell im Katori-Shinto-Ryu und im Shinkage-Ryu stärker an den militärischen Gepflogenheiten des feudalen Japan. Die Schwerter werden so vor einander abgelegt, dass ihre Spitzen zueinander zeigen. Die Hände werden entweder nur mit den vorderen zwei Gliedern am Boden aufgesetzt (beim Shinkage-Ryu) oder nur mit den Fingerspitzen (beim Katori-Shinto-Ryu). Der Augenkontakt zum Gegenüber wird ständig beibehalten - ein Zeichen von gesundem Misstrauen. Beim Shinkage-Ryu wählt man den Abstand größer, zwischen fünf bis neun Meter. Beim Katori-Shinto-Ryu geht man nach dem Ablegen der Schwerter wieder zwei Schritte zurück, um sich zu Verneigen.

Im Reiho des Yagyu-Shinkage-Ryu fallen die militärischen Gesten beim Abknien weg. Im Gegensatz zum Katori-Shinto-Ryu und Shinkage-Ryu erfolgt beim Abknien statt einer ,misstrauischen' Verneigung mit hoher Handhaltung und beobachtendem Blickkontakt, ein vollflächiges Ablegen der Hände und eine tiefe *Verbeugung*. Auch liegt das Bokken nicht Abstand haltend zwischen den Partnern, sondern jeweils links von ihnen.

Der Begründer Muneyoshi, ein Lehrer des Shogun Ieyasu Tokugawa brachte wesentliche Entwicklungen in das Ken-Jutsu. Er propagierte den Einfluss des Zen auf die Schwertkunst und war bei der japanischen Regierung hoch geachtet.

Handhabung bei der Verneigung: Vergleich zwischen der 2. Katori-Shinto-Ryu und 1. Shinkage-Ryu

40

Rei Ho im Yagyu-Shinkage-Ryu

木剣

Meditation - *Zen*

Die Meditation nimmt eine besondere Bedeutung innerhalb der Budokünste ein. Sie ist das Bindeglied zwischen Körper und Geist. Die Meditation im Budo ist wesentlich durch den Zen-Buddhismus geprägt worden. Durch sie sollen die geistigen und philosophischen Grundlagen des Budo gefestigt werden. Übt man sich im *Za-Zen*, der Praxis der Zen-Meditation im Sitzen, nimmt man den Lotussitz oder den Halblotussitz ein. Das *Tai-Za* (Fersensitz) beim üblichen Abknien ist keine reine Meditationsstellung. Da die Meditation ein sehr tiefgreifender Komplex ist, der den Rahmen diese Buchs verlässt, wird hier nicht weiter darauf eingegangen.

Za-Zen mit Bokken auf einem Berg

GRUNDSCHULE - KIHON

Je intensiver die Grundschule, umso besser der Kampf.
Der Umgang mit dem Schwert erfordert wie keine andere Budokunst Achtung und Respekt. Beim Üben mit dem Bokken soll man sich vorstellen, man trainiere mit einem echten, scharfen Schwert. Die Bewegungen, die das Schwert erlaubt, sind längst nicht so vielfältig, wie die in waffenlosen Systemen. Ein Grund mehr, die wenigen Techniken von Grund auf zu studieren und zu üben. Es widerspricht vollkommen dem Sinn des Ken-Jutsu (und dem des Budo allgemein), irgendwelche Showtechniken einzustudieren, wenn man den eigentlichen Kern des Schwertkampfes nicht verstanden hat.

Ohne Zweifel ist bei allen Kampfkünsten die *Grundschule* die absolute Basis für höhere Techniken. Der Samurai Yamamoto Fujimura Magune (1575 - 1644) sagt dazu: *„Erst musst du lernen richtig zu sehen und zu erkennen, richtig zu atmen und zu stehen. Dann richtig zu gehen und dich zu drehen. Hast du dies verinnerlicht, dann kannst du beginnen den vorbildlichen Gebrauch von Armen, Händen und Beinen zu lernen."* Die Karatesysteme sind hierfür prädestiniert.

Budoka, die eine solche Grundschule bereits hinter sich gebracht haben, tun sich beim Erlernen von Schwerttechniken wesentlich leichter, als jene, die ohne eine solche Basis beginnen.

Analysiert man den (Schwert)Kampf, erkennt man, dass er im Grunde nichts weiter ist, als angewandte und modifizierte Grundschule unter erschwerten Bedingungen. Das gilt ebenso für waffenlose Kämpfe, wie beim Karate-Do und beim Judo. Ein Kämpfer, der weder über ein Repertoire an Techniken verfügt, noch über die richtige Einstellung, die er sich durch das Lernen der Grundschule erworben hat, wird nie zur Spitze gehören.

Handhaltung des Bokken - *Tori Waza*
Die korrekte Haltung des Bokken ist wesentlich für den richtigen Umgang damit. Grundsätzlich gilt für die Haltung eines japanischen Schwertes, egal ob es sich um Bokken, Shinai oder Katana handelt: die rechte Hand liegt oberhalb der linken. Die linke Hand umschließt das Ende des Griffs.

Linke Hand
1.+2. Das Griffende liegt auf dem eingerollten kleinen Finger. Der Daumen liegt über dem Zeigefinger.

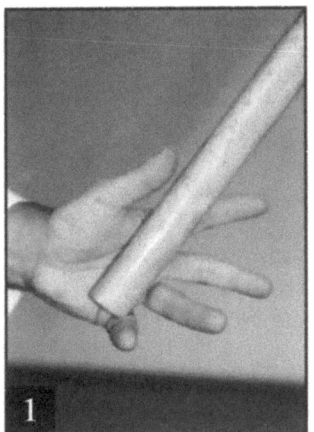 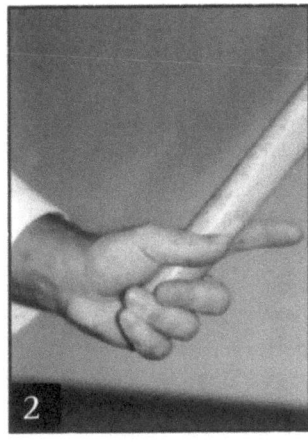

Rechte Hand
3. Die rechte Hand umschließt den Griff unterhalb der fehlenden Tsuba. Der Griff erfolgt nicht rechtwinklig, sondern ungefähr unter 45 Grad. Der gestreckte Zeigefinger unterstützt den Halt. Der Daumen liegt auf dem Mittelfinger.

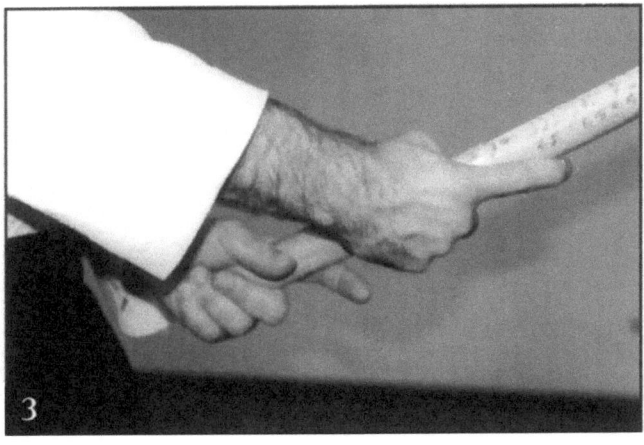

DIE STELLUNGEN - KAMAE

Die Körperhaltung beim Bokkentraining ist aufrecht. Die Füße stehen schulterbreit auseinander. Große Stellungen mit weiter Schrittlänge sind nicht üblich und werden nur in Ausnahmefällen angewandt. Sie ergeben sich aus bestimmten Techniken, Ausfallschritten oder Angriffen aus größerer Distanz.

Die Ausgangsstellung - *Sankakudai*
Sankakudai ist die Ausgangsstellung sowohl für Suburi-Training, als auch für Kumitachi-Training. Aus ihr werden die Grundtechniken geübt und die Kampf- und Schwertpositionen eingenommen. Der rechte Fuß ist grundsätzlich vorne und steht auf einer Linie mit dem hinteren Fuß. Der hintere Fuß zeigt ungefähr 45 Grad nach außen. Die Schwertspitze zeigt ebenfalls nach vorne in Höhe des Kehlkopfes. Da Sankakudai sowohl in der Schwertposition, als auch in der Beinposition definiert ist, entspricht sie *Migi Chudan no Kamae*. Steht man links vorne, heißt es nicht Hidari Sankakudai, sondern *Hidari Chudan no Kamae*.

Die Angriffsstufen

Sankakudai

Hidari Chudan no Kamae

48

Es gibt drei Angriffsstufen :
Oben - *Jodan*, ab Kinn aufwärts
Mitte - *Chudan*, vom Hals abwärts
Unten - *Gedan*, unterhalb der Gürtellinie

Jodan

Chudan

Gedan

Grundpositionen mit dem Bokken - *Ken no Kamae*

1. Überkopfstellung
- Jodan no Kamae
Das Bokken wird waagerecht über dem Kopf gehalten

1a. Große Überkopfstellung -
Daijodan no Kamae
Das Bokken wird im schrägen Winkel über dem Kopf gehalten. Diese Schwertposition findet eher im Nin-Jutsu Anwendung. Entsprechend anders ist auch die Beinstellung.

2. Tiefe Vorhalte - *Gedan no Kamae*
Gedan no Kamae ermöglicht schnelle
seitliche Schläge.

3. Senkrechte Haltung - *Migi Hasso no Kamae (rechts)*
Aus dieser Stellung heraus werden hauptsächlich diagonale Schläge ausgeführt.

3a. Senkrechte Haltung - *Hidari Hasso no Kamae (links)*

4. Seitliche Haltung - *Waki no Kamae*
Der Sinn dieser Stellung ist es, dass der Gegner das Schwert nicht sehen soll. Es ist weniger eine Angriffsstellung, als eine Herausforderungsstellung. Schläge aus Waki no Kamae zielen hauptsächlich auf die Unterstufe (Beine bis Bauch), aber auch auf die Handgelenke.

4a. Seitliche Haltung - Waki no Kamae

Neben diesen Grundstellungen gibt es noch weitere - bis zu 300 sollen erwähnt worden sein, die sich nur in unbedeutenden Details unterscheiden. Letztlich haben sich nur ein Dutzend gehalten. Diese Positionen sind die wesentlichen und finden in allen Ken-Jutsu-Systemen Anwendung.

GEHEN UND WENDEN - SHINTAI

Das Üben mit dem Bokken verläuft nicht statisch. Arm- und Beinarbeit müssen koordiniert werden.

Gleitschritt - *Tsugi Ashi*

Aus Sankakudai gleitet man zuerst mit dem vorderen Fuß nach vorne und *zieht den hinteren* nach. Die Füße schleifen über dem Boden. Der Körper ist aufrecht. Beim Rückwärtsgehen wird zuerst der hintere Fuß bewegt, dann der vordere.

Gleitschritt - *Okuri Ashi*

Okuri Ashi ist die gleiche Bewegungsart wie Tsugi Ashi, jedoch ist die Reihenfolge umgekehrt: beim Vorwärtsgehen wird zuerst das hintere Bein an das vordere herangezogen, dann das vordere nach vorne geschoben. Das Rückwärtsgehen erfolgt entsprechend.

Schritt - *Ayumi Ashi*

Ayumi Ashi ist die Fortbewegung durch normales Übersetzen (überholender Schritt). Das Übersetzen kann geradlinig oder kreisförmig geschehen.

180 Grad-Drehung - *Tenkan Ashi*

Aus Sankakudai sich auf dem vorderen Bein links herum drehen und dabei mit dem hinteren Bein einen Kreisbogen auf dem Boden ziehen.

Schritt und 180 Grad-Drehung kombiniert - *Tai Sabaki*

Reiht man *Ayumi Ashi* und *Tenkan Ashi* aneinander, führt man *Tai Sabaki* aus. Diese Bewegungsfolge hat folgenden Sinn: mit Ayumi Ashi geht man in den Gegner hinein, um sich mit Tenkan Ashi wieder aus ihm herauszubewegen.

Ziehtechniken - Nukitsuke

Die Kunst des Schwertziehens *(Nukitsuke)*, verbunden mit meditativen Elementen, wird als *Iai* im *Iai -Do* kultiviert. Für das Training mit dem Bokken findet sie keine Anwendung - die Gründe dafür sind in Teil I eingehend erläutert worden. Trotzdem gibt es noch drei modifizierte Ziehtechniken, die dem Bato-Jutsu, der Schwertziehkunst entlehnt sind und nur geübt werden, um den Bezug zum Katana zu halten. In diesem Band soll nur auf die Hauptziehart, das diagonale Ziehen eingegangen werden.

Das diagonale Ziehen - *Naname Nukitsuke*

Das Prinzip des diagonalen Ziehens des Bokken entspricht dem Ziehen eines echten Schwertes. Zur Führung dient der Obi, in den das Bokken gesteckt wird. Der Griff befindet ich vor dem Bauch. Die Schneide zeigt nach oben.

1. Aus der natürlichen Stellung *(Shizentai)*
Die linke Hand liegt an der Hüfte über dem Bokken. Die rechte Hand symmetrisch gegenüber.

Das diagonale Ziehen - *Naname Nukitsuke*

2+3. Das Bokken wird mit der rechten Hand gefasst und um 90 Grad nach außen im Gürtel gedreht. Die Schneide befindet sich jetzt schon im richtigen Winkel für den horizontalen Schnitt (*Yoko Giri*), bzw. für den horizontalen Schlag (*Yoko Uchi*).

4. Während des Ziehens wird das linke Bein zurückgestellt. Der Angreifer beugt sich vor. Dabei geht die Hüfte nach hinten und das Bokken lässt sich besser ziehen.

5. Endposition: Die Schwertspitze trifft den imaginären Gegner an dessen Schläfe.

Das Zurückstecken - *Noto*

Das Zurückstecken des Bokken ist, wie das Ziehen, ebenfalls nur eine Anlehnung an das Bato-Jutsu. Es ist in seiner nachahmenden Art wie eine Huldigung an das Noto im Iai-Jutsu, bzw. Iai-Do zu verstehen ohne jeglichen qualitativen Vergleich. Obwohl Nukitsuke und Noto keine Bedeutung bei Suburi und Kumitachi haben, sollte man diese Bewegungen nicht ganz außer Acht lassen. Das Üben dieser Bewegungen dient dem besseren Verständnis sowohl für die Waffe, als auch für die Kunst damit umzugehen.

Bilder: 1. Die linke Hand greift mit den unteren drei Fingern unter den Gürtel, um Platz für das Einschieben des Bokken zu schaffen. 2. Die rechte Hand führt das Bokken mit dem Klingenrücken an die linke Hand. 3. Daumen und Zeigefinger der linken Hand sind geöffnet, um das Bokken aufzunehmen und unter den Gürtel zu führen. Das Zurückschieben geschieht langsam und konzentriert. Gleichzeitig zieht man das hintere Bein wieder zur Ausgangsstellung zurück.

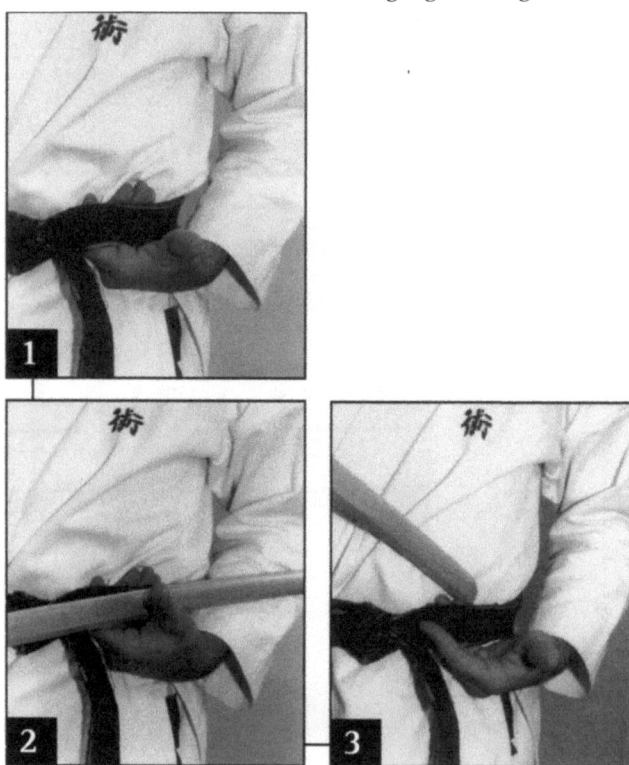

Demonstrations-Kampf vor Publikum

SCHLAGTECHNIKEN - UCHI KATA

Was ist der Unterschied zwischen *Stoß, Schlag, Hieb, Schnitt* und *Stich?*
Grundsätzlich werden alle diese fünf Techniken mit dem Bokken au geführt. Die
Unterschiede sind:
1. Beim *Stoß* handelt es sich um ein *geradliniges* Treffen, oft unter Einbeziehung
des Körperzentrums. Gestoßen wird mit der Breitseite oder mit dem Griffende
(Kashira) des Bokken.

1. Stoß mit der Breitseite zum Kinn

1a. Stoß mit dem Griff zur Schläfe

2. Ein *Schlag* kann sowohl geradlinig sein, als auch in einer Kurve verlaufen. Die Bewegung ist in der Regel kurz und schnell. Sie hört beim Auftreffen auf dem Ziel auf. Geschlagen, bzw. getroffen wird mit den äußeren Teilen des Bokken, Klingenspitze (*Kissaki*) oder Griff (*Tsuka*).

 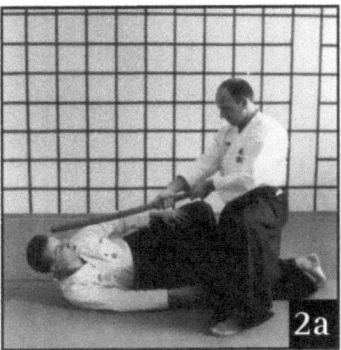

2. Schlag zur Schläfe

2a. Schlag mit dem Griff aus dem halben Kniestand

3. Um einen *Hieb* handelt es sich, wenn man eine ausholende, schwingende, einarmige *Schlagbewegung* ausführt, wie beim europäischen Fechten oder bei der Ausübung eine Peitschenhieb .

3. Hieb zur Schläfe

4. Der *Schnitt* ist eine geradlinige oder runde, ziehende Bewegung mit der Schneide des Bokken. Die Absicht des Schnitts ist das Trennen von Gewebe, darum wird der Schnitt im Gegensatz zum Schlag oder Stoß, beim Treffen des Ziels weitergeführt. Aufgrund der Klingenstruktur von geschärften Waffen ist der Zugwinkel beim Führen der Waffe entscheidend.

4+4a. Gerader, vertikaler Schnitt

5. Ein *Stich* ist das punktuelle Treffen mit der Schwertspitze. Er ist hauptsächlich gerade, kann aber auch kreisförmig ausgeführt werden.

Unter diesen Definitionen betrachtet, haben sich die Bokken-Bewegungen, die bei Suburi und Kumitachi ausgeführt werden, auf vier reduziert. Die schneidende Bewegung ist so gut wie verloren gegangen, weil sie nicht der Natur des Bokken entspricht. Die Bewegungen, die man mit einem Katana als schneidende Bewegungen ausführt, werden im Endeffekt mit dem Bokken als schlagende Bewegung vollzogen. Man kann sie trotzdem als schneidende Bewegungen (*Kiri Gata*) einüben. Der Unterschied liegt, um es noch einmal zu betonen, im Führen des Bokken und damit im Auftreffwinkel der Schneide.

5+5a. Stich gegen liegenden Gegner

Gerader Abwärtsschlag - *Shomen Uchi*

1. Aus Sankakudai hebt man das Bokken in Jodan no Kamae und schlägt es von dort aus *senkrecht* nach unten.

1a. Die Angriffsziele sind Kopf, Schulter und Handgelenke. Wird Shomen Uchi mit einem echten Schwert ausgeführt, spricht man auch von *Makko Giri*, da es sich um einen Schnitt handelt.

Diagonaler Abwärtsschnitt - *Naname Giri*

Aus Sankakudai hebt man das Bokken in Jodan no Kamae und schlägt es von dort aus diagonal nach unten. Die Angriffsziele sind Schläfe, Schulter, Arme und Handgelenke.

1-3. Naname Giri gegen die Handgelenke als Konter gegen einen waagerechten Stich

Horizontaler Schlag - *Yoko Uchi*

Yoko Uchi wird entweder mit einem Ausfallschritt aus Chudan no Kamae ausgeführt oder in einer weiten Ausholbewegung über dem Kopf. Angriffsziele sind Hals, Brust und Hüfte. Aus Yoko Uchi wird *Yoko Giri*, wenn man die Klinge im schrägen Winkel (Schneidwinkel) zum Ziel führt und die Bewegung weiterführt.

1+1 a. Yoko Uchi gegen Shomen Uchi

Yoko Uchi gegen Shomen Uchi aus einer anderen Perspektive

Kiri Age als diagonaler Schnitt aus Chudan no Kamae.

Das Bokken wird nach unten gekippt und dann schräg nach oben gezogen. Angriffsziele sind Handgelenke, Brust und Hals.

Kiri Age als diagonaler Schnitt aus Waki no Kamae.
Beim Üben daran denken, dass es sich sinngemäß um eine Schnittbewegung handelt - darum die Technik nicht zur Schlagbewegung eines Golfspielers machen.

Gerader Stich - *Tachi Tsuki*

Aus Chudan no Kamae wird das Bokken geradlinig nach vorne gestoßen. Das Schwert wird bei Rippenstichen um 90 Grad gedreht. Angriffsziele sind Kehlkopf, Herz und Lungen.

Beidhändiger gerader Stoß mit dem Griff - *Kashira Tsuki*

Eine aus dem Bato-Jutsu entlehnte Technik. Das Katana wird ruckartig aus der Scheide (*Saya*) gezogen und in den Bauch des Angreifers gestoßen. Analog wird das Bokken aus dem Gürtel (*Obi*) gezogen.

BLOCKTECHNIKEN - UKE WAZA

Wenn es nicht möglich ist, dem Angreifer zuvor zu kommen und seinen Angriff mit einer Gegenattacke zu vereiteln oder die Distanz zu kurz ist, um schadlos ausweichen zu können, muss geblockt werden. Beim Katana blockt man mit dem Schwertrücken oder mit der Breitseite, um die Klinge zu schonen. Beim Abwehren mit dem Bokken ist dies unerheblich. Allgemein gilt, dass Blocktechniken immer als abweisende Bewegungen ausgeführt werden sollen, d.h. die Kraft des Gegners soll nicht rechtwinklig gestoppt, sondern ohne großen Kraftaufwand weitergeleitet werden, außer man will dem Gegner das Bokken aus der Hand schlagen.

Block gegen Kiri Age - *Gedan Barai*

Der Herausforderer greift an mit Kiri Age aus Waki no Kamae. Der Verteidiger fegt aus Chudan no Kamae das angreifende Bokken zur Seite.

Block gegen Shomen Uchi mit fließendem Konter - *Taihen Kaeshi Giri*

Bei Taihen Kaeshi Giri kommt ein wesentliches Element des Schwertkampfes zum Tragen: Das Zusammenfließen von Block und unmittelbarem Gegenangriff. Es handelt sich hier nicht um zwei getrennte Techniken (die natürlich getrennt geübt werden können), sondern um das Prinzip des *Koboichi*, d.h. Ausholen zum Angriff und Block sind eins.

Technik - Kombinationen - Renraku Waza

Grundsätzlich können alle Techniken kombiniert werden:

1. aus allen Schwertpositionen und Stellungen (rechts und links),
2. zu allen Stufen,
3. mit allen Bewegungsformen und Schrittarten.

Das Zusammenfügen einzelner Techniken zu einem harmonischen Ganzen wird im Ken-Jutsu als *Renraku Waza* bezeichnet.

Shomen Uchi - Naname Giri
Aus Sankakudai rechten Fuß vorsetzen (*Tsugi Ashi*), linken Fuß nachziehen und gleichzeitig Shomen Uchi ausführen. Schrittfolge wiederholen und Naname Giri ausführen.

Naname Giri - Tachi Tsuki

Aus Sankakudai mit dem linken Fuß einen Schritt vorgehen (*Ayumi Ashi*) und Naname Giri ausführen. Dann mit Tsugi Ashi einen Tachi Tsuki hinterher setzen.

Kiri Age - Naname Giri - Yoko Uchi

Aus Sankakudai rechten Fuß vorsetzen und linken Fuß nachziehen (Tsugi Ashi), gleichzeitig Kiri Age ausführen. Einen Schritt mit dem linken Fuß vorgehen (Ayumi Ashi) und Naname Giri ausführen. Den linken Fuß weiter nach vorne schieben, den rechten Fuß nachziehen (Tsugi Ashi) und Yoko Uchi ausführen.

Partnerübungen - Kumitachi

Auf dem Weg zum Duell der Samurai

Das Kumitachi bildet den Schlussteil des Buches. Nur wer sich bis hierher systematisch durchgearbeitet hat, sollte mit Kumitachi beginnen. Bevor man mit Kumitachi beginnt, muss die Grundschule beherrscht werden. Kumitachi erfordert dies deswegen, weil man den anderen durch fehlerhafte Handhabe verletzen kann (s. Einleitung). Der zweite Grund ist, dass das nötige Augenmerk für die Auseinandersetzung mit dem Partner fehlt, wenn man selbst noch mit den korrekten Bewegungen zu kämpfen hat. Es leuchtet ein, dass Kumitachi unter solchen Voraussetzungen seinen Sinn verliert und wenig ästhetisch wirkt.

Kumitachi ist kein Zweikampf. Es gibt weder einen Gewinner noch einen Verlierer, die Rollen von Angreifer (*Uchidachi*) und Verteidiger (*Shidachi*) werden ständig gewechselt. Kumitachi stellt die Endstufe des Suburitrainings dar. Die gelernten und im Einzeltraining geübten Techniken finden im Kumitachi Anwendung. Ziel ist es, die Bewegungen mit solcher Exaktheit und Wucht auszuführen, dass sie ‚echten', also tödlichen Schlägen gleichen. Die Bewegungen müssen alle konzentriert ausgeführt und vor den eigentlichen Zielen abgestoppt werden. Das gleiche Prinzip findet im Karate-Do Anwendung.

Distanz - *Ma Ai*

Shidachi und Uchidachi stehen sich in *Toi Ma Ai* gegenüber. *Toi Ma Ai* bezeichnet die Distanz, bei der sich die Bokkenspitzen berühren und bis zu 10 Zentimeter überlappen. Diese Distanz ist für beide Schwertkämpfer (*Kenshi*) gefährlich, weil die Reichweite bei beiden tödliche Techniken zulässt. Die Gewinnchancen stehen also für jeden bei 50 Prozent.

Toi Ma Ai wird bei allen hier beschriebenen Kumitachi eingenommen.

Prinzip des Kumitachi

Kumitachi ist oberflächlich betrachtet „*relativ* einfach". Es entspricht authentischen Kata, die von den Samurai geübt wurden. Es gibt keine spektakulären Showtechniken, keine Sprünge und keine Akrobatik. Auch ein lang andauernder Schlagabtausch, wie wir ihn aus den "Mantel- und Degenfilmen" kennen, findet nicht statt. Die Kürze der Übungen und die Entschlossenheit der Techniken machen das Prinzip der geistigen Einstellung der Samurai bei einem Duell deutlich. Nicht ein großes Technikrepertoire war entscheidend, sondern die Geisteshaltung, die sich in den Begriffen *Mushin* und *Seishin* ausdrückt.

Mushin steht für ungezwungene, absolute Geistesgegenwart und Wachsamkeit. Denken und Handeln sind eins.

Seishin steht für den Kampfwillen und den hohen technischen und seelischen Reifegrad des Samurai. Diese beiden Elemente des täglichen Lebens der Samurai mussten unablässig geschult werden, um als dominantes Wesensmerkmal immerwährend präsent zu sein. In der Literatur findet man oft den Vergleich zu den Duellen der Revolverhelden im Wilden Westen. Dort hatte nur ein Schuss zu entscheiden, wer als Sieger hervorging. Man stand sich gegenüber und wartete, wer als erster ziehen würde. Derjenige, der schneller zog und traf, hatte das Duell gewonnen. Der andere musste mit dem Leben bezahlen. Genauso verliefen die Duelle der Samurai. Vom Gemetzel auf den Schlachtfeldern änderten sich die Zweikämpfe in kultivierte Auseinandersetzungen, die nach bestimmten Regeln stattzufinden hatten.

Entsprechend handelt es sich beim Kumitachi um relativ kurze Schlagfolgen. Konnte ein Samurai seinen Gegner nicht mit einem - dem ersten - Schlag töten, weil dieser ihm ausweichen oder ihn blocken konnte, musste ein zweiter oder weitere folgen. Umgekehrt war es möglich, dass der Verteidiger beim Ansetzen des Konters vom Gegner tödlich getroffen wurde.

Nicht selten passierte es, dass sich beide Kontrahenten zeitgleich mit unterschiedlichen Techniken das Leben nahmen, dann sprach man von *Ai Uchi*.

Die folgenden 4 Kumitachi-Übungen zeigen klassische Abfolgen von Angriffen und Verteidigungen.

1. Kumitachi

1. Verteidiger (Shidachi), rechts und Herausforderer (Uchidachi), links, stehen sich in Sankakudai gegenüber.

1a. Bevor Uchidachi einen Angriff beginnen kann, kommt Shidachi ihm zuvor. Er geht mit Tsugi Ashi nach vorne und schlägt gleichzeitig Uchidachis Bokken mit seiner Klinge zur Seite.

1b. Unmittelbar setzt er Tachi Tsuki nach.
Wegschlagen und Zustechen fließen zu einer Bewegung zusammen (*Koboichi*), die während des Tsugi Ashis erfolgt.

2. Kumitachi

2. Uchidachi und Shidachi stehen sich in Sankaku-dai gegenüber.

2a. Beide erheben das Schwert in Jodan no Kamae.

2b. Uchidachi geht mit Tsugi Ashi nach vorne und greift mit Shomen Uchi an, um ihm den Schädel zu spalten.

2c. Shidachi weicht mit Tsugi Ashi nach links aus. Er pariert Uchidachis Schlag mit Shomen Uchi auf Uchidachis Bokken.

2d. Nachdem Shidachi Uchidachis Bokken abgefangen hat kontert er mit Yoko Uchi zur Schläfe.

3. Kumitachi

Das 3. Kumitachi ist keine authentische Abfolge. Es handelt sich hier um eine Übungsform, die die Einbindung der Körperdrehung als Hauptsache sieht. Techniken aus der Drehung entsprechen nicht den fundamentalen Ken-Jutsu-Taktiken im *Zwei*kampf! Eine Drehung bedeutet immer ein Abwenden vom Gegner und damit einen Verlust der Kontrolle über ihn, mit gleichzeitigem Anbieten des Rückens. Dazu unterbricht die Drehung den Verlauf und widerspricht dem Koboichi-Prinzip. Anders liegt der Fall beim Kampf gegen mehrere Gegner. Hier bietet es sich an, Techniken aus der Drehung anzuwenden, da eine vollkommen andere Situation herrscht.

Das 3. Kumitachi hat seine Schwierigkeit in der Drehung und dem anschließenden Stoß.

3. Shidachi und Uchidachi stehen sich in Chudan no Kamae gegenüber.

3a. Sie erheben das Schwert in Jodan no Kamae. Uchidachi greift mit Shomen Uchi an.

3b. Shidachi weicht mit Tsugi Ashi nach links aus. Er pariert Uchidachis Schlag mit Naname Giri auf Uchidachis Bokken.

3c. Dieser Schlag trifft nicht senkrecht, wie beim 2. Kumitachi, sondern schräg und gleitet über das Bokken.

3d. Shidachi leitet die Drehung ein.

3e-g. Shidachi dreht sich und beendet das Kumitachi mit einem diagonalen Schlag gegen die Schläfe von Uchidachi.

4. Kumitachi

Die realistische Umsetzung des 3. Kumitachi zeigt das 4. Kumitachi. Das Koboichi-Prinzip ist gewahrt. Die Ausgangssituation ist identisch mit Kumitachi 3.

4. Shidachi und Uchidachi stehen sich in Chudan no Kamae gegenüber.

4a. Uchidachi greift mit Shomen Uchi an.

4b+4c. Shidachi weicht mit Tsugi Ashi nach links aus. Er pariert Uchidachis Schlag mit Naname Giri auf Uchidachis Bokken.

4d. Shidachi kontert sofort mit Tachi Tsuki zu Uchidachis Bauch.

4e-g. Shidachi setzt den tödlichen Shomen Uchi nach.

DAS PRESTIGEDUELL

Das letzte Kumitachi steht stellvertretend für eines der sogenannten *Prestigeduelle* (s. Teil I). Die Duellanten stehen sich mit Katana und Bokken gegenüber und sind dem Anlass entsprechend gekleidet.

Die beiden Kontrahenten wählen besondere Kampfstellungen. Das Prinzip dieser Kampfstellungen ist einleuchtend: Nicht Sicherheit ist die Hauptsache, sondern Präsentation. Oft waren Zuschauer (Schüler der Kontrahenten oder geladene Gäste) anwesend, vor denen die Kämpfer glänzen wollten.

Die Wahl der Kampfstellung

Die Wahl der Kampfstellung erfolgt aus folgenden Gründen: Der Herausforderer (mit Katana) nimmt *Waki no Kamae* ein, um den hohen Entwicklungsstand seiner Samurai-Eigenschaften *Mushin* und *Seishin* auszudrücken: Ein Kämpfer, der sein Schwert vom Gegner weghält, „muss" über gutes Mushin und Seishin verfügen, weil er den Körper ungedeckt anbietet, und zweitens weil der Weg bis zum tödlichen Ziel länger ist, als in Chudan no Kamae.

Wenn der Herausforderer Waki no Kamae einnimmt, zwingt er den Verteidiger (mit Bokken) eine ebenbürtige Kampfstellung einzunehmen: er wählt *Hasso no Kamae*. Diese Kampfstellung birgt die gleichen Gefahren und Chancen wie Waki no Kamae - was dem Verteidiger von unten droht, erwartet den Angreifer von oben. Die *Richtung* und damit die Technik, die beide Schwerter zum Angriffsziel einschlagen werden, steht nach den Kampfregeln fest: Der Herausforderer wird mit einem Kiri Age angreifen. *Wo* er diesen platzieren will, weiß der Verteidiger nicht.

Für den Verteidiger bleibt nur Shomen Uchi oder Naname Giri zur Wahl. Er signalisiert dem Angreifer mit Hasso no Kamae die stumme Warnung: „Sieh her, ich weiß, was du vorhast. Ich fürchte deinen Angriff nicht. Willst du mir mit Kiri Age den Bauch aufschlitzen, werde ich dir mit Naname Giri (oder Makko Giri) den Schädel zerschmettern!"

Ebenso ist es möglich, dass der Herausforderer plant, ihn mit einem angetäuschten Kiri Age zum Kontern zu bringen, um ihm dann, wenn er mit Naname Giri vorpprescht, nicht, wie der Verteidiger vermutet, den Bauch aufzuschlitzen, sondern die näher liegenden Handgelenke abzutrennen. Gelingt ihm dies, wird der zweite Schlag tödlich sein.

Drei mögliche Ausgänge des Prestigeduells
Prestigeduell - *1. Möglichkeit*

1. Ausgangssituation: Die Duellanten stehen sich in Shizentai ge-genüber und mustern sich.

1a. Es folgt eine gemeinsame Verneigung.

1b. Nachdem der Herausforderer die Scheide seines Katana wegge-
legt hat, nehmen beide mit Sankakudai maß.

1c. Der Herausforderer nimmt Hidari Waki no Kamae ein.

1d. Der Verteidiger nimmt daraufhin Hidari Hasso no Kamae ein.

1e. Der Verteidiger kommt dem Herausforderer zuvor. Bevor dieser seinen Angriff beginnt, schlägt er ihm mit Yoko Uchi zur Schläfe.

2. Möglichkeit

2. Gleiche Ausgangssituation.

2a. Der Herausforderer setzt seinen Kiri Age an. Der Verteidiger setzt gleichzeitig Shomen Uchi an.

2b. Der Herausforderer ist schneller als der Verteidiger und schlägt ihm die Hand ab.

2c. Er beendet das Duell mit *O-Kesa*, einem Schwertstreich quer durch den Oberkörper.

3. Möglichkeit

Hier besteht der umgekehrte Fall: Der Herausforderer trägt ein
schweres Bokken. Der Verteidiger ein Katana.

3. Gleiche Ausgangssituation: Der Herausforderer steht in Waki
no Kamae. Der Verteidiger in Hasso no Kamae.

3a. Der Herausforderer setzt seinen Kiri Age an. Der Verteidiger
setzt gleichzeitig Shomen Uchi an.

3b. Der Herausforderer schlägt mit dem Bokken auf die Handgelenke, um ihn zu irritieren.

3c. Er trifft ihn tödlich mit Shomen Uchi direkt auf den Schädel.

Fachwörterverzeichnis

Durch die verschiedenen Latinisierungs-und Transkriptionssysteme (Kunrei, Romaji und Hepburn) gibt es keine allgemeingültige Vereinheitlichung der Schreibweise der japanischen Begriffe. Die Entscheidung über den Gebrauch, bzw. Nichtgebrauch des Genitiv und des Plural-s, oder des Bindestrichs bei Wortzusammensetzungen ist demnach weitestgehend individuell und richtet sich nach bereits etablierten Schreibweisen.

Ai-Uchi	Das gleichzeitige Treffen, Verletzen oder Töten bei einem Duell
Bato-Jutsu	Schwertziehkunst ohne philosophischen Hintergrund
Bokken	Aus Boku (Holz) und Ken (Schwert). Das hölzerne Ebenbild des Katana
Bokuto	Aus Boku (Holz) und To (Schwert). s. Bokken
Chudan	Mittlere Angriffsstufe; Bauch bis Kehle
Dai	groß
Do	Philosophischer Weg; Lehre
Gedan	Untere Angriffsstufe; von der Gürtellinie abwärts
Giri	schneiden
Hakama	Hosenrock, über der Hose getragen
Harai	Wegschlagen des gegnerischen Schwerts
Hasso	Position bei der das Schwert (auch Stab) senkrecht am Körper gehalten wird
Hidari	links
Iai	Das Ziehen und Schneiden des Schwertes unter dem Mushin-Prinzip
Jodan	Obere Angriffsstufe; vom Kinn aufwärts
Jutsu	auch *Jitsu* geschrieben; Technik, Kunst
Kamae	Kampfstellung
Kashira	Schwertknauf
Kata	festgelegte Einzel- oder Partner-Bewegungsform
Katana	Samuraischwert
Ken	Schwert
Ken-Po	Der Schwerkampfbereich im Nin-Jutsu
Kenshi	Schwertkämpfer
Ki-Ai	Kampfschrei; hauptsächlich zur Konzentration, aber auch zur Einschüchterung des Gegners
Kiri	schneiden; als Zweitsilbe „Giri" gesprochen

Kiri -Age	von unten nach oben schneiden; bzw. schlagen beim Bokken
Kissaki	Schwertspitze
Koboichi	das Zusammenfließen von Block und Konter zu einer Bewegung
Kumitachi	kurze Partnerübungen mit dem Bokken oder Katana
Ma-Ai	der richtige Abstand zum Gegner
Makko-Giri	senkrechter Abwärtsschlag; entspricht Shomen Uchi
Migi	rechts
Mushin	unerschütterlicher Gleichmut
Naname	diagonal
Nuku	Schwertziehen
Rei-Gishaho	Etikette
Rei-Ho	Zeremoniell
Renraku	Kombination von Techniken
Ryu	Stilrichtung; Schule
Sankakudai	„großes Dreieck"; Grundstellung beim Ken-Jutsu
Seishin	innere Einstellung des Samurai zum Kampf und zum Leben
Shinai	Bambusschwert im Kendo; eine spezielle, mit Leder überzogene Form wird als *Hiki-Hada-Shinai* im Shinkage-Ryu-Ken-Jutsu benutzt
Shinken	echtes Schwert im Gegensatz zum Bokken
Shizentai	neutrale Stellung; Ausgangsstellung
Shomen	Vorderseite
Suburi	Technikübungen mit dem Bokken oder Suburito
Suburito	schweres Bokken zum Üben der Grundtechniken
Tachi	Schwert; auch Stellung
Tai-Sabaki	Körperbewegung
Tsuba	Stichblatt
Tsugi-Ashi	Gleitschritt
Tsuki	Schlag; beim Schwerttraining Stich
Uchi	Schlag
Waki	seitlich
Waza	Technik; Gruppierung von Techniken
Yoko	seitlich; von der Seite
Zazen	Konzentrationssitz im Zen
Zen	„Versenkung"; geistige und philosophische Grundlage des Budo

木
剣

Der Autor

Axel Schultz-Gora, geboren 1963, beschäftigt sich seit drei Jahrzehnten mit Budosport.

Von 1983 – 1986 war er als Fremdgeschriebener Zimmergeselle im In- und Ausland unterwegs, wo er erstmals mit Ken-Jutsu konfrontiert wurde. Nach seiner Wanderschaft absolvierte er eine Ausbildung zum Fachsportlehrer bei der Budo Akademie Europa (BAE).

Seit 1989 betreibt der mehrfache Danträger in drei Disziplinen hauptberuflich eine Budosportschule in Augsburg.

Vom Autor ist bereits ein autobiographisches Werk mit dem Titel „*Zehntausend Meilen*" erschienen, ein Roman, der die Faszination des Budo mit der traditionellen Walz verbindet.

020 2 Das Judo-Brevier
Der bewährte Leitfaden für Technik und Prüfung, 114 Abb.

000 8 1 x 1 des Judo
Die Grundlagen wirksamen Judotrainings, 101 Abb.

001 6 Die Judo-Wurftechnik
Die exakte Beschreibung aller wichtigen Würfe, 209 Abb.

002 4 Die Judo-Bodentechnik
Das Fachbuch für Halte-, Hebel- und Würgetechniken, 165 Abb.

026 1 Kraft-Training
Ratschläge für Fitness + Leistungssport, 165 Abb.

021 0 Karate ... mit bloßen Händen
Die Grundlagen wirksamer Kampftechnik, 141 Abb.

044 1 Das Kampfsport-Lexikon
Die Kampfkünste der Welt von A-Z, 51 Abb.

023 7 Boxen ... Fechten mit der Faust
Das bewährte Lehrbuch über den Faustkampf, 80 Abb.

059 8 Das Taekwondo Brevier
Der Leitfaden für Technik und Prüfung, 225 Abb.

028 8 Taekwondo
Kompaktlehrgang der koreanischen Kampfkunst, 104 Abb.

049 0 Die 12 Taekwondo-Hyongs
Präzisionsübungen für Fortgeschrittene, 436 Abb.

071 7 Ein-Schritt-Kampf (Ilbo-Taeryon)
Ausweichen • Abwehren • Kontern, 213 Abb.

076 8 Allkampf-Jitsu
Die vielseitige Selbstverteidigung, 235 Abb.

055 5 Shuriken
Sicherer Umgang mit Wurfsternen, 103 Abb.

029 6 Ringen
Freistiltechnik für Anfänger + Fortgeschrittene, 105 Abb.

024 5 Sambo
Der kraftvolle russische Kampfsport, 217 Abb.

022 9 Aikido-Fibel
Die Grundlagen des Aikido, 72 Abb.

045 8 Das Aikido-Brevier
Leitfaden für Technik und Prüfung, 140 Abb.

069 5 Bokken
Das Holzschwert der Samurai, 149 Abb.

041 5 Die Kunst des Florettfechtens
Das Fechtbuch für Anfänger + Fortgeschrittene, 266 Abb.

050 4 Lehrbuch des Bogensports
Vom ersten Schuß bis zur perfekten Technik, 132 Abb.

036 9 Kyudo
Die Kunst des japanischen Bogenschießens, 231 Abb.

053 9 Armbrustschießen
Das Standardwerk für Sport & Hobby, 95 Abb.

039 3 Sport für Anfänger
Strategien für etwas mehr Bewegung, 60 Abb.

003 2 Kombinationen und Kontertechnik
Erfolgreiche Techniken für Kampf und Prüfung, 110 Abb.

011 3 Kinder-Judo
Das fröhliche Lehrbuch für kleine Judoka, 72 Abb.

005 9 Nage-no-Kata
Die 15 Grundwürfe des Judo, 96 Abb.

006 7 Katame-no-Kata
Die 15 grundlegenden Bodentechniken, 70 Abb.

007 5 Kime-no-Kata
Die klassische japanische Selbstverteidigung, 140 Abb.

075 5 Tai Chi Chuan
Fitness für Körper & Seele, 619 Abb.

095 4 Qigong
Atem • Bewegung • Entspannung, 197 Abb.

038 5 Gymnastik
Zweckmäßige Körperschule, die Spaß macht, 221 Abb.

047 4 Fußball-Lehrbuch
Mit vielen Spielübungen für die Praxis, 246 Abb.

056 3 Sportliches Messerwerfen
Über den sicheren Umgang mit Wurfmessern, 48 Abb.

063 6 Arnis • Escrima • Kali
Das Lehrbuch für den Stockkampf, mit 198 Abb.

067 9 PencakSilat
Die alte indonesische Kampfkunst, 399 Abb.

065 2 Tauch-Theorie
Das Komplettwissen für den Tauchsport, 139 Abb.

070 9 Das Wassersport Lexikon
Die ganze Welt des Wassersports, 172 Abb.

079 2 Tonfa
... vom Kobudo zur modernen Waffe, 220 Abb.

091 1 Schwertkampf
vom Mittelalter zur Moderne, 238 Abb.

093 8 Savate
Französisches Boxen • Selbstverteidigung • Stockkampf, 406 Abb.

030 4 Das Ju-Jutsu Brevier
Der Leitfaden für Selbstverteidigungssportler, 94 Abb.

004 0 Selbstverteidigung
Wirksame Verteidigungstechnik für den Ernstfall, 260 Abb.

074 1 Krav Maga
Abwehr bewaffneter Angriffe, 522 Abb.

031 8 Chronik alter Kampftkünste
Kampftechniken aus 3 Jahrhunderten, 369 Stiche

051 2 Thai-Boxen
Der dynamische asiatische Vollkontaktsport, 215 Abb.

073 3 Kick Boxen
Fitness • Kampfsport • Selbstverteidigung, 255 Abb.

027 4 Die 12 Karate-Kata
Die wichtigsten Shotokan- und Wado-Ryu-Kata, 491 Abb.

033 4 Sai
Die Verteidigungstechnik mit der Waffe, 114 Abb.

072 5 BO
Kampf mit dem Langstock, 366 Abb.

032 6 Kung-Fu
Die Technik des chinesischen Boxens, 144 Abb.

008 3 Gonosen-no-Kata
Die dynamischen Gegenwürfe des Judo, 58 Abb.

009 1 Itsutsu-no-Kata
Die Darstellung 5 traditioneller Judo-Elemente, 32 Abb.

010 5 Ju-no-Kata
Demonstration des „Siegens durch Nachgeben", 152 Abb.

012 1 Goshin-Jitsu-no-Kata
Die moderne japanische Selbstverteidigung, 118 Abb.

013 7 Koshiki-no-Kata
Die ritterliche Verteidigungstechnik, 154 Abb.

040 7 Sumo
Der gewichtige japanische Ringkampf, 49 Abb.

042 3 Spiele für Sport + Freizeit
Ideen für alle, die gerne Spiele machen, 82 Abb.

035 0 Iai-Do
Blitzschnell die Waffe ziehen und treffen, 192 Abb.

025 3 Das ist Kendo
Eine Einführung in das japanische Fechten, 98 Abb.

037 7 Kendo
Lehrbuch des japanischen Schwertkampfes, 700 Abb.

068 7 Capoeira
Kampfkunst und Tanz aus Brasilien, 243 Abb.

034 2 Yoga
Die Kunst der Entspannung und Gelassenheit, 368 Abb.

061 x SNOOKER
Billard „made in England", 106 Abb.

048 2 DARTS
Konzentration + Präzision im Pfeilwurfspiel, 71 Abb.

052 0 60 Spiele auf dem London-Board
Die umfangreiche Spielesammlung für Darter, 22 Abb.

064 4 Electronic Dart
Das sportliche Spielvergnügen, 31 Abb.

078 4 Boule - Petanque
Die Faszination der Eisenkugeln, 36 Abb.

054 7 American Football
Vom Kick-off zum Touchdown, 123 Abb.

057 1 Baseball
Vom Hit zum Homerun, 82 Abb.

060 1 Rugby
Kampf in Gasse und Gedränge, 90 Abb.

077 6 Beachsport
Sand • Fun • Action, 60 Abb.

062 8 Das Ballsport Lexikon
Die Ball- und Kugelspiele der Welt, 225 Abb.

066 0 Das Wintersport Lexikon
Sport & Spiel auf Eis und Schnee, 118 Abb.

090 3 Wing Chun
Für Anfänger und Fortgeschrittene, 186 Abb.

092 2 Brazilian Jujitsu
Die überlegene Kampfkunst, 234 Abb.

094 6 Hap Ki Do
Die koreanische Selbstverteidigung, 552 Abb.

081 4 Der lachende Tennisball
Humorvolle, aber treffende Tennisratschläge, 69 Cartoons

080 6 Der lachende Ski
Heiteres über den Skisport und seine Freuden, 52 Cartoons

083 0 Die lachende Nixe
Das Schmunzelbuch für alle Wassersportler, 64 Cartoons

082 2 Das lachende Pferd
Für Reiter und Pferdefreunde zum Wiehern, 57 Cartoons

084 9 Der lachende Fußballer
Viel Spaß um's runde Leder, 56 Cartoons

085 7 Das lachende Fahrrad
Schwungvolles über den Radsport, 49 Cartoons

Ausführliche Informationen finden Sie auch im Internet: **www.weinmann-verlag.de**

Wir senden Ihnen gern unser ausführliches bebildertes Verlagsverzeichnis!
Schreiben Sie uns oder rufen Sie an:

VERLAG WEINMANN

Beckerstraße 7 • 12157 Berlin • Tel. 030 / 855 48 95 • Fax 030 / 855 94 64